대학과 청년

대학과 청년

대학구조개혁위원장이 말하는
대학과 청년의 위기와 비전

류장수 지음

산지니

서문

대학의 위기가 본격화되고 있다. 청년들이 힘들어하고 있다.

몇 년 전의 일로 기억된다. 잠자리에 누웠는데 갑자기 가슴이 답답해졌다. 졸업 시즌이었는데 제자들, 더 넓게는 우리의 청년들이 어려운 과정을 거쳐 졸업을 했는데도 일자리를 얻지 못하고 있으니 얼마나 힘들까라는 생각이 들었기 때문이다. 더구나 잠시가 아니라 앞으로 최소 몇 년간 이러한 상황에서 헤어나기 어려울 것이라고 생각하니 내 숨이 막히는 것처럼 답답했다. 예전에 어머니가 돌아가시고 며칠이 지나 '이제 영영 뵐 수가 없구나'라는 사실을 직면하며 한밤중에 무척 힘들었던 그 감정을 느꼈다.

그리고 마음 한편에는 이 책의 또 다른 주제인 대학에 대한 생각이 자리하고 있다. 청년의 위기, 청년 일자리의 위기는 우리 모두가 절실히 체감하고 있지만, 대학의 위기는 대학에 근무하는 교직원이나 그 가족을 제외하면 상대적으로 체감하는 정도가 약할 수밖에 없다. 더구나 필자와 같이 국립대에 재직하는 다수의 교수들은 아직 위기감을 크게 느끼지 못하는 것 같다. 그러나 사립대, 특히 지방 사립대 교수들을 만나 얘기해보면 대학의 위기를 이미 경험하고 있을 뿐만 아니라 몇 년 후 학령인구의 지속적인 급감으로 소속 학과가 존속할지, 연봉 등 여건이 악화되지 않을지, 심지어 폐교되는 대학들을 보면서 교수직을 유지할 수 있을지 우려하는 경우가 적지 않았다.

대학의 일원이기도 하고 청년을 가족과 제자로 두고 있는 필자로서는 지금의 상황이 특히 가슴 아프고 우려스럽다. 지난 20년 넘게 대학과 청년 일자리에 관심을 두고 교육과 연구를 하면서 정책화하기 위해 정부 일에 참여해왔으나, 현재처럼 대학과 청년의 위기가 동시에 발생한 적은 없었던 것 같다. 대학과 청년의 위기는 개인의 문제가 아니라 가족과 지역과 국가의 문제이기도 하다. 특히 대학과 청년은 우리의 미래를 결정짓는 핵심 주체라는 점에서 더블 위기의 심각성을 인식하고 속도감 있게 해결하려는 노력이 필요하다.

앞으로 대학과 청년 일자리 상황은 계속 악화될 것으로 전망하고 있기에, 이 시점에서 지금까지의 생각을 정리하고 향후 대안을 제시해야겠다는 오랜 생각을 결국 실행하게 됐다. 그동안 발표했던 글들을 한번 모아봐야겠다는 생각은 여러 번 해왔지만, 이런저런 일들로 마음의 여유를 찾지 못하고 이 숙제는 가슴 한편에 묵직하게 자리하고 있었다. 그러던 참에 작년 마지막 날, 친구이면서 동학(同學)인 김종한 교수님이 연구년인 지금이 적기라는 권유를 하여 한 권의 책으로 낼 용기를 내게 되었다. 그동안 부산의 대표적인 신문사인 부산일보와 국제신문에 수년간 고정 칼럼을 써왔고, 전국 일간지에 대학이나 청년 일자리에 관해 기고한 글이 얼추 100여 개는 되었다.

출판을 결심하고 처음에 생각했던 방식은 그동안 대학과 청년 일자리에 대해 썼던 글들을 중심으로 약간 수정과 보완을 하는 것이었는데, 이후 이 글들만으로는 현재의 쟁점들을 담아내지 못하겠다는 생각이 들었다. 그래서 이전 글들과 새로 쓴 몇 편의 글을 구성하여 제2부를 만들고, 제1부는 대담을 통해 대학과 청년 일자리에 관한 현재 상황과 대안을 제시하는 것으로 했다. 그러므로 제1부와 제2부는 주제와 내용에서 이어지고 있다.

이 책이 나오기까지 많은 분들의 도움이 있었다. 이분들의 도움이 없었다면 이 책은 나오기 어려웠을 것이다. 먼저 오랫동안 대학과 청년 일자리에 관한 관심을 가지고 함께 연구해온 경성대학교 김종한 교수님, 박성익 교수님, 조장식 교수님에게 감사드린다. 이 분야에서 부산은 물론이고 전국에서도 선구적인 연구 성과를 낼 수 있었던 것은 세 분의 교수님들이 함께 계셔서 가능한 일이었다. 또한 경제 이론과 경제 현안들에 대해 수시로 논의하면서 부족한 필자에게 큰 가르침을 주신 부경대학교 경제학부 최홍봉 명예교수님, 서석흥 교수님, 홍장표 교수님을 포함한 동료 교수님들과 무궁무진한 잠재 역량을 가지고 있는데다 한없이 착하기까지 한 부경대 경제학부 학생들에게도 감사드린다.

제1부 중 대학 분야 좌담회를 기꺼이 진행해주신 대구대학교 안현효 교수님, 이 책 발간을 흔쾌히 맡으신 산지니 강수걸 대표님, 멋진 편집을 해주신 안선영 기획실장님과 관계자 여러분, 책 출간 과정에서 좋은 의견을 준 문영만 박사님을 비롯한 부경대 노동경제 전공 대학원생들, 대담을 녹취하여 정리해준 제자 이명훈에게 감사드린다. 그리고 둘째 딸 연진이가 돌을 막 지냈을 때 와서 지금까지 함께하고 있는 부경대학교 가족 모두에게 심심한 감사의 말씀을 드린다.

마지막으로 이 시대에 힘들게 살고 있는 청년 모두에게 미안하다는 말을 전한다. 그리고 우리가 함께하니 희망을 잃지 말아 달라는 부탁과 함께.

2019년 4월

부경대학교 연구실에서

차례

2부 시론

일러두기

이 책의 1부 대담은 2019년 2월 11일, 13일 이틀 동안 부경대학교 류장수 교수 연구실에서 진행한 대담을 녹취하여 실었습니다. 2부 시론은 기존 신문 칼럼을 보완하여 실었으며, 일부는 새로 저술하였습니다.

1부 대담

1

대학의 위기를 어떻게 풀 것인가

대담

안현효(대구대학교 일반사회교육학과 교수, 교육부 대학구조개혁위원회 위원)

대학 정책 개발에 참여했던 지난 20여 년

안현효 류 교수님과 저는 최근 2년 사이에 교육부의 대학구조개혁위원회 활동을 하면서 위원장과 위원으로서 자주 만났죠. 그러면서 알게 된 것 중 하나가 류 교수님이 대학 정책에 대해서 이전에도 상당히 많이 관여를 하셨고, 고등교육 정책과 관련된 인적 네트워크 폭이 넓고 깊으시다는 것이었습니다. 때문에 큰 도움을 받았는데 대학 정책에 관여하신 시기부터 현재까지 어떤 역할을 해오셨는지 간략히 말씀해주시겠습니까?

류장수 정부 일에 본격적으로 참여하기 시작한 것은 시기적으로 보면 1997년 초였던 것 같아요. 1997년에 김영삼 정부의 노사관계개혁위원회에서 전문위원으로 일했지요. 당시 전문위원직은 교수나 정부 출연 연구기관의 연구위원들이 겸직하던 자리이다 보니까 부경대에서 강의를 하면서 부산과 서울을 오가며 고생했던 기억이 납니다. 위원회에서 제가 맡았던 분야가 인력과 고용 분야였습니다. 그 일은 대학뿐만 아니라 우리나라 노동 현장의 직업 훈련과 고용 영역까지 전체적으로 포괄했던 부분이었지요.

교육 분야에서 본격적으로 일을 맡은 것은 2001년이었습니다. 2001년 말에 대통령 자문기구인 교육인적자원정책위원회에서 전문위원으로 일했습니다. 거기에 참여했던 전문위원들이 여러 분 계세요. 지금 한국교육개발원장직을 맡고 계신 반상진

원장을 포함해서, 당시 교수 혹은 정부 출연 기관의 연구위원으로 계시면서 겸직하셨죠. 거기에서 제가 정확히 1년 동안 전문위원을 했고요. 그게 교육 관련해서는 공식적인 첫 일이었습니다. 벌써 18년 전입니다. 그 뒤에 2007년부터 2008년까지 노무현 정부 때 교육부총리 정책보좌관직을 맡았는데 상근직이었죠. 학교에서 파견 간 경우인데 기간은 1년이지만 보통 위원회 조직에서 일하던 것과는 비교할 수 없을 정도로 일을 많이 했지요. 아침 7시 반에 출근해서 집에 가면 밤 10시, 11시가 됐으니까요. 가족과 떨어져서요. 지방에 거주하는 사람이 처한 불리한 조건이었죠.

안현효 일 시키는 사람 입장에선 유리할 수도 있어요. 24시간 일할 테니까요.

류장수 그 점은 그럴 수도 있어요. 당시 부처 이름이 교육인적자원부였는데 거기에서 정책보좌관으로 일할 때 느낀 점이 있지요. 대통령 자문기구, 직속기구 이런 것도 의미가 있지만 역시 행정부처에 가서 일해야 훨씬 많은 역할을 할 수 있다는 것을 느꼈습니다. 경험을 하지 못한 분들은 대통령 기구니까 권한이나 책임이 많을 것이라 생각하지만 실제로 위원회 조직은 자문기구이기 때문에 대통령에게 몇 달 혹은 더 긴 기간에 한 번 보고하는 정도가 주된 일입니다. 보고 내용이 중요할 수 있지만 그걸 정책화해서 실행하는 것은 결국 행정부처의 몫이기 때문에 저로서는 교육인적자원부 정책보좌관으로 있을 때 더 많은 일들을 했어요.

교육부총리 정책보좌관 시절의 기억

안현효 현재 이 정부의 교육부에서도 많은 역할을 하고 계시는데요. 2007년부터 2008년까지도 교육부에서 일을 하신 거잖아요. 관료 출신이 아니고 교수로서 교육부 행정 라인에 들어가서 일을 하게 된 사람은 상당히 소수였을 것으로 생각되는데, 그 직책을 맡으신 배경이나 하신 일, 그때 있었던 재밌는 이야기를 해주시겠습니까?

류장수 벌써 12년이 지났네요. 저로서는 엄청난 경험이었죠. 민간인이 정부에서 비상근도 아니고요. 사실 정책보좌관은 국장급이지만 매일 아침 부총리실에서 1급 이상 간부 예닐곱 명 정도가 참여하는 상황점검 회의의 고정 멤버이기 때문에 그 전날 일어난 일, 그날 일어날 일 등 계속 현안을 점검합니다. 공무원들이라도 하기 쉽지 않은 경험을 제가 했던 거죠.

2007년은 노무현 정부 마지막 해였는데 가자마자 터진 게 '3불(不) 정책'이었죠. '고교등급제 금지', '기여입학제 금지', '본고사 금지'. 이 세 가지가 3불 정책이었는데 시행 과정에서 대학과 크게 충돌했죠. 특히 서울 사립대들과 충돌이 심했는데, 그 사이에서 저도 함께 계속 모니터링을 하면서 대책 마련에 참여했습니다.

안현효 그때 교육부 장관이 서울대 교육학과 교수를 역임하신 김신일 부총리죠?

류장수 예, 맞습니다. 각 부처에 정책보좌관 제도가 처음으로 생긴 건 노무현 정부 때였습니다. 그전까지는 그런 제도가 없었을 겁니다. 그게 생긴 것은 공무원이 아닌 외부인이 부처 안에서 정책을 검토하고 의견을 제시할 필요가 있다는 판단 때문이었지요. 정책보좌관들은 대부분 국회의원 보좌관 출신 등 주로 정치 쪽에서 발탁되었습니다. 지금 정책보좌관 출신을 봐도 그렇죠. 그 당시 교육부와 기획재정부 정도만 다른 부처와 달리 특히 전문성이 필요하다 해서 교수 등 전문가들이 들어갔습니다. 교육부 경우에는 제 앞에 서울대 교수, 그 앞에는 연세대 교수가 정책보좌관을 맡았고 제가 교수로는 세 번째, 그리고 제 뒤에는 한양대 교수였을 겁니다. 한양대 교수는 정권이 바뀌고 그 직후에 선임됐다가 얼마 안 돼 해촉됐기 때문에 사실은 제가 마지막이라고 해도 과언이 아닐 겁니다.

제가 정책보좌관으로 있으면서 겪은 에피소드 몇 개가 생각납니다. 우리 상황을 정확히 보여주는 단면인데 제가 임명장을 받을 때 행사 직전에 국장급 이상의 교육부 간부들과 상견례를 했습니다. 다른 분들은 의례적인 인사를 하는데 제가 바로 느낄 수 있을 정도로 차갑게 대하는 한 분이 계셨어요. 느낌이 딱 옵니다. 악수할 때 느낌, 서로 인사할 때 느낌… 몇 달 뒤 저녁 자리에서 처음 만났을 때의 제 느낌이 맞았느냐고 슬쩍 물어봤더니, 맞았다고 답하더군요. 공무원 조직에 들어온 외부인에 대한 부정적인 반응이었던 거죠. 교육부에 있는 동안 그 국장과 저는 매우 친하게 지냈고 지금도 가끔이지만 한 번씩 연락을 주고받습니다. 나중에 교육부 차관까지 지냈지요.

류장수

지금도 그렇지만 정부 부처에 민간인이 갈 수 있는 자리는 몇 개 되지 않습니다. 정책보좌관실엔 두 자리가 있었는데, 제가 정책보좌관실을 총괄했고 과장급 정책보좌관이 한 명 있었어요. 임용장을 받고 각 부서를 다니면서 인사를 했는데, 교육부가 워낙 큰 부처다 보니까 나중엔 허리까지 아프더군요. 인사하기도 쉽지 않더라고요. 그리고 국회가 며칠 뒤에 열렸는데, 상임위 첫날에 국장 이상은 한 명씩 앞으로 나가 상임위 국회의원들에게 인사를 합니다. 제 앞 순서의 간부가 90도로 인사를 하더군요. 민간인 출신인 저에게는 상당히 충격적인 장면이었습니다. 국민의 대표라고 하더라도 꼭 이렇게 해야 하나 싶었지요. 요즘 국회는 그렇지 않을 겁니다.

그때 국회에서 상임위원장이 부총리에게 이렇게 말했어요. “교육부의 정책 보좌를 총괄하는 분으로 지방대 교수를 모셨네요”라고요.

안현효 노골적으로?

류장수 나쁜 의미는 아니었는데 그 다음 날 주요 일간지에서 그걸 가십거리로 기사를 내더군요. 그분들이 보기에는 교육 정책이라 하면 굉장히 엘리트적이라 생각했을 거예요. 이전엔 서울대, 연세대 교수가 정책보좌관이었는데 지방대 교수가 그걸 맡았으니 위원장이 보기에는 새로웠던 것 같았어요.

안현효 어떻게 해서 들어가게 되신 겁니까? 김신일 부총리를 잘 알고 계셨습니까?

류장수 그전에 한두 번 뵌 정도입니다. 교육학회에서 토론을 한 적이 있었습니다. 거기서 제가 HRD(Human Resource Development, 인적자원개발) 쪽으로 집중 토론을 했었는데 그 부분이 영향을 끼친 것 같아요. 그분 입장에서는 당시 부처 이름이 교육인적자원부였기 때문에 교육 분야는 당신이 자신 있으시지만, 인적자원 쪽은 전문가가 필요하셨던 게 아닌가 싶습니다. 아마 추천을 받으셨겠지요. 어느 분이 추천했는지 구체적인 것까지는 모르겠고요. 교육인적자원부에서 정확히 1년을 일했죠. 1년 동안 엄청난 일이 있었습니다. 3불 정책 논란에다 로스쿨 결정도 이 시기에 이루어졌죠.

안현효 로스쿨 결정에도 참여하셨지요?

류장수 그때 여러 회의에 참석했습니다. 심사는 심사위원들이 했지만, 심사 이전과 이후에 정책적 절차를 밟아야 하거든요. 로스쿨 선정 대학을 발표하는 날이 제 마지막 근무일이었어요. 워낙 사회적인 이슈였던 일이라 부총리님과 발표 기자회견장으로 걸어가면서 이런저런 대화를 나눈 장면이 지금도 생생히 기억납니다. 기자회견 후 환송회에 참석하고 그 다음 날 바로 부산으로 왔죠. 10년이 넘은 일인데도 장면 하나하나가 선명하게 생각나는 것은 그 1년이 제게 너무나 중요한 시기였기 때문이겠지요. 2007년 2월 5일부터 2008년 2월 4일까지 정확히 1년을 근무했죠.

안현효 당시 계실 때 3불 정책이 발표됐나요?

류장수 제가 2월 5일에 발령을 받고 갔는데 3월부터 불이 붙었어요. 조금 전에 말씀드렸지만 3불 정책이란 고교등급제, 기여입학제, 그리고 본고사 세 가지를 금지한 정책이었지요. 입시 방법을 결정해야 되는 3~5월 시점에 대학들, 특히 서울의 주요 사립대들은 3불 정책이 대학의 자율성을 해친다고 해서 엄청나게 반발했죠. 결국 마지막에 서울대 총장 등 대학 대표 다섯 명, 교육부총리 등 교육부 대표 다섯 명 이렇게 해서 5대 5로 협상을 했습니다. 저도 교육부 대표에 포함되어 비공개 회의에 참석했는데, 합의문 문구에서 이견이 있어 조율하느라 힘은 들었지만 일정한 수준에서 합의를 하고 종결했습니다. 수험생이 굉장히 불안해하니까 빨리 종결할 필요가 있었어요. 입학 부분에 있어선 그런 상황이 그 뒤에도 계속 일어났다고 보시면 됩니다. 지금도 마찬가지고요.

안현효 그럼 1년 계시는 동안 3불 정책이 가장 인상에 남고 나름 보람된 거라고 볼 수 있겠네요. 그럼 아쉬운 부분은 어떤 것이 있습니까?

류장수 제가 교육부에 갔을 때는 사실 노무현 정부는 1년밖에 남지 않았습니다. 이른바 레임덕이 심했을 때인데, 교육 영역에서도 그런 모습이 많이 보였습니다. 2007년에 3불 정책, 로스쿨 선정 건 외에도 특목고 문제 등 교육 이슈가 계속 터졌어요. 당시 노무현 대통령은 임기 마지막 해인데도 불구하고 교육 이슈 해결을 위해 상당히 노력하신 걸로 기억합니다. 로스쿨 문제에 특히 관심이 많으셨지요. 로스쿨 선정 부분에서 지역 균형 문제를 굉장히 중요시하셨고요. 그리고 노 대통령은 국가 미래를 위해 인적자원 개발도 강조하셨어요. 제가 근무했던 2007년 하반기에 대통령이 위원장인 국가인적자원위원회를 만들어 1차 회의를 청와대에서 직접 주재하실 정도로 관심을 두셨는데, 2008년 정권이 교체되면서 이 위원회는 없어졌습니다. 정권이 바뀌더라도 이런 부분은 계속 발전시켰어야 했는데 아쉬웠어요. 당시 1차 회의 때 상영됐던 동영상이 감동적이라는 평가도 있었으나 그 동영상이 지금 어디에 있는지도 잘 모르겠습니다.

노무현 대통령의 교육에 관한 관심을 얘기하다 보니 정책보좌관 임기 중간 시점이었던 2007년 늦여름 때의 일이 기억납니다. 이 일에 대해서는 이후에 신문 칼럼에서도 한두 번 쓴 적이 있습니다. 교육부에서 정신없이 일하는 중에 하루 휴가를 내고 제주도에 갔던 적이 있습니다. 부산에 있을 때 함께했던 모임인데 제주에서 워크숍을 갖게 되었거든요. 모처럼 가벼운 마음으로 김포공항에서 비행기를 타고 제주로 향했지요. 그런데 제주공항에 도착하고 휴대폰을 켜보니 제 휴대폰에 전화가 엄청나게 와 있었어요. 느낌이 좋지 않았죠. 무슨 긴급한 일이 생겼구나 싶어 걱정이 됐어요.

휴대폰을 켜고 조금 있으니까 전화벨이 울렸어요. 당시 교육부총리 비서실장이었는데, 긴급사항이 생겨 교육부로 바로 와야 할 것 같다고 하더군요. 꼭 가야 할 상황인지 재확인했지요. 모처럼 휴가를 얻어 제주까지 왔는데 그냥 가기는 어렵지 않겠습니까? 그런데 수십 년 공무원 생활을 했던 분의 판단으론 빨리 와야 할 것 같다는 답변이 돌아왔습니다. 특목고가 원래 목적대로 운영되지 않고 입시 기관화가 되었다는 내용을 대통령이 어디서 보고를 받으셨는지 교육부에 대안 마련을 지시하신 것 같아요. 그때 전화한 비서실장이 현재 교육부의 박백범 차관입니다. 그래서 제주도 땅에 발이 닿자마자 만났던 일행들에게 '지금 서울 갈 일이 생겼다' 그렇게 인사를 하고 바로 서울로 갔지요. 그때부터 몇 달간 특목고 대책 마련을 위해 당시 서남수 차관과 TF(task force, 특별기획팀) 팀원들이 매일 아침마다 회의를 했죠.

그때 회의에 나온 자료를 보고 깜짝 놀란 게 많았어요. 전부 대외비라서 우리도 자료를 두고 나왔는데, 몇 개 특목고가 한국의 사법고시를 포함해서 고시를 상당 부분 차지하고 있는 등 앞으로 특목고 졸업생들이 한국의 입법, 사법, 행정 영역에서 휩쓸겠구나 하는 생각이 들었어요. 이전의 명문고들이 한국 사회를 주도했던 것보다 더 심각한 정도였어요.

안현효 새로운 학벌의 출현이라고 할 수 있겠군요.

류장수 특목고들이 원래 설립 목적대로 운영되어야 하는데 설립 목적과 달리 인기 학과인 의대 쪽으로 적지 않게 가는 등 결국 특목고가 입시 기관화, 어떻게 보면 일반고와 다르게 특별하게 관리되는 고등학교가 되어버린 거죠.

제가 아쉽게 생각했던 점은 당시가 정부 말기였다는 점입니다. 다음 대선이 몇 달밖에 안 남았는데, 해결할 수 있는 상황이 아니었습니다. 11년이 지났지만 그때 논의됐던 자료를 찾아서 이해 관계자들이 전부 리뷰할 필요가 있습니다. 그 사이에 일부 바뀐 부분들이 있지만 당시 거의 매일 아침 회의에서 제기된 문제점과 개선 방안이 여전히 중요합니다. 당시에는 대통령의 임기 끝부분이라 우리가 뭘 할 수 있는 게 없었어요. 그 다음에 정권 교체가 되었기 때문에 특목고를 원래 설립 목적에 맞게 운영하게 하려던 노력은 단절되었습니다.

지금은 특목고와 관련된 긍정적인 면도 있지만 부정적인 면도 부각되기 때문에 그 자료를 계속 축적하고 넘겨주고 학습하고 해야지만 개선이 될 텐데, 그 자료가 사장이 되어버려서 아쉽습니다.

안현효　중요한 지적 같습니다. 어쨌든 현재의 분위기는 선출된 새 교육감들이 특목고의 비정상적인 운영에 대해서 비판적이지 않습니까? 자율형 사립고 재승인 과정도 상당히 까다로워지고 여러 가지 정책들이 천명되면서, 정상화하기 위해 구체적으로 어떻게 갈 것이냐는 문제에 대해서는 굉장히 중요한 자료이고 연구라는 생각이 듭니다.

류장수　대학 입시에서도 특히 3불 정책은 그때도 상당 정도로 이야기가 나왔어요. 당시의 실태, 대학의 상황과 대학 책임자들의 생각들… 어떻게 해서라도 좋은 학생을 뽑으려고 하니까 특목고 학생들에게 불리한 점을 없애려고 했죠.

지금 입시에 있어서 정시, 수시도 그때 검토했었어요. 그게 이명박, 박근혜 정부로 넘어오면서 8~9년이 단절되어버린 거죠. 이에 대해서 정책적으로 전체 리뷰를 하면 되는데, 그때 논의가 되었다는 것조차도 이야기가 안 되고 있죠.

안현효 나중에라도 혹시 이야기가 되고 책이 나와서 알려지면 누군가가 교육부에 있는 당시 자료들을 찾아 정밀하게 검토할 수도 있겠네요. 이 글을 보고 문제의식을 살릴 수 있는 기회가 되면 좋을 것 같습니다.

대학의 위기, 국립대도 예외가 아니다

안현효 이제 조금 진지한 이야기를 해봤으면 좋겠습니다. 류 교수님이 새 정부 들어서 대학구조개혁위원장을 맡으시면서 저도 같이 고민하고 해법에 대해서 토론을 했었죠. 개인적으로 새 정부의 고등교육 정책을 어떻게 구체화해서 실현할 것인가에 관심이 많았지요. 그래서 교수님이 이전 정부에서 쌓으신 경험과 노하우 등이 크게 도움이 되었거든요. 지금도 위원장으로 계시지만, 새 정부 들어서 1년이 넘은 지금 상황에서 볼 때 한국 대학의 상황은 어떠하며, 가장 큰 문제를 어디서부터 해결해야 할지 말씀해주십시오.

류장수 제 입장에서 한마디로 정리하기는 어려운 질문입니다.

현재 상황에 대한 판단, 해석 그리고 앞으로의 방향에 대해서 다양한 견해가 나올 수 있을 겁니다. 등록금 동결이 오래되면서 많은 대학들이 재정상 어려움을 겪는 건 진행형입니다. 게다가 이미 학령인구의 감소가 나타나기 시작했고요. 앞으로 몇 년 뒤부터 학령인구의 감소는 절벽 수준으로 떨어지고 대학의 정원은 미달이 될 수밖에 없는 심각한 상황이죠.

대학 전체로 보면, 요즘 이야기하는 4차 산업혁명, 인력 양성에서 새로운 패러다임이 요구됩니다. 예전에는 기존에 필요한 인력을 양적으로 충족하는 데 의미가 있었다면, 앞으로는 질적으로 다른 인력을 만들어내야 하는 요구까지 대학이 맡게 될 겁니다. 예전의 어려움은 여전하고 새로운 도전은 와 있고 하니, 현재 대학이 상당히 어렵죠.

거기다 최근 논란이 되고 있는 강사법 문제는 다른 주제이긴 하지만 현재 대학에서는 난제로 생각하고 있습니다. 대학이 한국에서 매우 중요한 역할을 해왔고, 해야 함에도 불구하고 현재는 큰 어려움 속에 있습니다.

안현효 지금 세 가지 문제를 말씀해주셨습니다. 첫째는 과거의 문제, 즉 원래 있었지만 아직도 우리가 해결하지 못한 문제인 등록금 동결로 인한 고등교육 재정 악화의 문제를 말씀해주셨어요. 고등교육에 대한 재정 지원이 충분하지 않다, 대학이 재정적으로 어렵다는 배경에는 사실 지금까지 많은 국민들이나 정책 당국자들이 일종의 수익자 부담 같은 생각을 하기 때문인 것 같습니다. 그동안에는 대학을 졸업했을 때 큰 편익을 개인이 가져간다고 보았고 따라서 그 비용은 개인이 부담을 해야 한다는 생각이 지배적이었습니다. 여기에는 사립대학이 많은 우리나라의 현실도 일조했을 것이라 생각합니다. 오늘날 등록금 때문에 대학이 재정 위기라고 하지만 본질적으로 보면 한국 대학이 만들어지는 과정에서부터 시작됐다고 볼 수 있고요.

두 번째는 현재의 문제로서 학령인구 감소로 인해 대학들이 위기에 빠져 있다고 하셨고, 세 번째는 미래의 문제로서 4차 산업혁명으로 이야기되는 새로운 시대의 변화에 대학이 어떻게 대응하느냐, 이렇게 세 가지 큰 과제가 놓여 있다고 말씀하셨습니다.

류장수 네, 그렇습니다. 과거 문제로 등록금 동결, 현재 문제로 학령인구 감소, 미래 문제로 4차 산업혁명의 대비, 이 세 가지 문제가 대학의 큰 과제다, 잘 정리해주셨네요.

안현효 그중에서 대학에 있는 입장에서 발등에 떨어진, 제일 시급하게 처리해야 할 불이 두 번째 문제일 것 같습니다. 학령인구 감소 문제는 어떻게 될 것 같습니까? 내후년부터 바로 문제가 되거든요. 전망을 해보신다면요?

류장수 지금 대학들은 이미 느끼고는 있습니다만 당장 닥치지 않았기 때문에, 그게 어느 정도 심각한지 실제 강도보다 작게 느낄 수 있을 겁니다. 지금까지 어려웠지만 잘 극복했듯이 이것 또한 해결될 거라고 생각하는 분들도 많지만, 저는 이 문제는 질적으로 다르다고 생각합니다.

안현효 입학자원이 없는데요. 학령인구가 급격히 떨어지니까요. 정원에 비해서 입학자원이 미달되면서 그 숫자가 누적이 되면 문을 닫는 대학이 생길 수밖에 없습니다. 그 위험은 서울에 있는 주요 대학은 덜하겠죠. 국립대도 덜할 수 있겠지만, 지방 사립대 경우에는 과연 다른 대안이 있을까요? 대학을 살릴 수 있는 자원이 없는데요.

안현효

류장수 몇 년간은 채울 수 있을 겁니다. 마케팅을 해서 채울 수 있겠지만 여기에 들어가는 비용과 득실을 생각해보면 일정 기간 후에는 유지하기 어렵다고 봅니다. 분명히 큰 변화가 우리나라 대학시장에서 일어날 수밖에 없고, 그 변화에 대해서 각 대학과 정부가 준비를 해야 합니다. 이걸 그냥 시장에 맡긴다면 문을 닫을 수밖에 없는 대학에 들어간 학생들이 결국 피해를 보기 때문에 매우 심각한 문제거든요. 단순히 대학시장을 시장 기능에 맡길 수 없는 상황이고 정부가 이 부분을 어떻게든 해결해야 합니다. 사실 대책이 이미 나왔어야 한다고 생각합니다.

교수님도 같이 대학구조개혁위원을 하셔서 잘 아시듯이, 대학평가나 대학진단, 강사법 관련 정책은 있습니다. 그러나 대학의 전반적인 패러다임 변화에 대해선 어떤 정책이 있었느냐, 어떤 준비를 하고 있었느냐, 이런 질문에 이번 정부가 답을 내놓지 못하는 상황입니다. 이번 정부뿐만 아니라 지난 정부도 마찬가지로 5년 뒤, 10년 뒤 나타날 수 있는 문제를 누가 해결하겠지, 그때 되면 학생 모집을 제대로 하지 못하는 대학은 적절히 문 닫으면 되겠지, 이렇게 안이하게 생각할 정도로 준비가 되어 있지 않습니다. 교육부가 대학 정책 방향 등에 관한 작업을 진행하고 있다는 얘기를 얼마 전에 들었어요. 어떤 내용이 담길지는 모르겠지만 이런 준비를 시작한 것은 그나마 다행입니다.

안현효 같은 대학인으로서 책임감을 느끼고 저도 대학구조개혁위원으로서 같이 고민을 해봤지만, 즉자적으로 대응하는 것으로는 답이 나오지 않고 좀 더 근본적으로 생각해야 된다는 점에 크게 공감합니다.

사실 학령인구 감소는 아까 말씀하셨듯이 수도권보다는 지방대학에 더 큰 충격을 주겠죠. 지방대학에서도 국립대와 사립대에 따라 차이가 예상되는데, 상대적으로 조금 여유 있다고 볼 수 있는 지방 국립대도 마찬가지로 위기의 여파를 벗어나기 어려울 것으로 보입니다. 이 문제에 대해서 국립대 교수로서 어떻게 보십니까?

류장수 지금까지 우리나라 대학에 작은 위기들이 적지 않게 있었죠. 그래도 국립대는 사립대에 비하면 대학의 유지 안정성 문제와 그에 따른 교수 지위의 안정성 문제는 괜찮은 편이라고 생각합니다. 여담으로 말씀드리면 2007년에 정책보좌관으로 있을 때 당시 저희 대학 총장님이 학교 학무회의 특강으로 교육부 정책보좌관 입장에서 이야기를 해달라고 요청하셔서 하게 되었습니다. 짧은 시간이었지만 제가 이런 말을 했습니다. "서울 메이저 사립대학에서 스카우트 제의가 와도 가지 마십시오." 교육부 정책 일선에 있는 사람이 저렇게 이야기를 하니 의아스러웠겠죠. 왜냐하면 예전에 비해 메이저 사립대학도 교수에게 의무와 책임을 많이 지우고 있지만, 지방 국립대는 그에 비하면 더 자유롭다는 거죠.

안현효 메이저 사립대학은 교육, 연구의 책임에서 연구에 대해서만 부담을 많이 지우는 것 같습니다.

류장수 엄청나게 스트레스를 주니까 그걸 채우지 못해서 나온 교수들도 있습니다. 그 스트레스는 말로 표현할 수가 없죠. 2007년에 이미 그런 상황이 시작됐습니다. 저희 대학 학무회의 특강 후반부는 몇 년 뒤부터는 어떻게 되겠느냐, 국립대도 안심 못할 것이다, 국립대까지도 압박이 들어올 시기가 얼마 남지 않았다는 얘기로 마무리했지요. 저는 그 시기가 이제 왔다고 생각합니다.

사립대학이 어려워지면 지방 사립대는 가만히 있지 않습니다. 왜 우리만 이런 고통 속에 있어야 하느냐고 정부를 비판할 겁니다. 또한 국립대만큼 사립대도 정부지원금을 달라, 감축 인원 비중만큼 국립대 정원도 줄여달라는 요청이 나올 수도 있고요. 부산만 보더라도 왜 사립대부터 문을 닫아야 하느냐 이런 이야기는 충분히 나올 수 있다고 봅니다.

안현효 이명박 정부 시기에 주요 정책 중 국립대 정원을 축소하는 결과를 초래한 것들이 있었거든요.

류장수 그래서 정부가 대학교육 정책에 있어서 새로운 패러다임을 빨리 만들어야 한다고 이야기하는 겁니다. 이전 이명박 정부 때 이야기했던 국립대 정원부터 줄여야 그걸 시작으로 사립대 정원을 줄일 수 있는 근거를 만들 수 있지 않느냐는 논리가 지금 필요한 것일까요. 아니면 대학에 대한 생각을 달리 하여, 시장에서 사립대학을 만들어서 운영하는 게 아니라 대학이라는 것은 공영화가 필요한 것일까요. 영역별로 국가가 책임져야 할 학문의 영역이 있고 지역별로 책임져야 할 영역이 있는데, 이런 영역을 볼 때 대학교육의 공영화, 즉 국립대를 강화한다든지 사립대를 공영화한다든지 그런 정책이 있어야 합니다. 그래야 그 다음의 수단이 나올 수 있으니까요. 유럽을 보면 알 수 있지 않습니까. 대부분 국립대잖아요. 우리의 경우 미국식이 많이 보이는데, 대학진학률이 이렇게 높고 인력이 어떤 자원보다도 중요한 국가에서는 인력 양성에 있어서 국가의 책무가 굉장히 중요합니다.

또 하나는 수도권과 지방이 공정한 게임을 할 수 없다는 겁니다. 그런 상태에서 대학을 그냥 시장에 맡겨두면 지방 사립대는 붕괴되고, 지방 국립대도 어떻게 될지 모릅니다. 지역에서도 인력이 필요합니다. 그런 의미에서 국립대는 대학교육에서 공공성, 공영성을 담보하는 기관이라고 할까요. 지난 이명박 정부와는 다른 논리를 만들어야 한다고 봅니다. 지금 교육부가 현안이 많죠. 유치원 문제, 입시 문제 등 현안이 많다 보니 몇 년 뒤에 일어날 수 있는 엄청난 위기에 충분히 준비하지 못하고 있는 현실이 안타깝죠.

안현효 사실 세계적으로 보아도 고등교육은 단순히 학생들의 입신양명만을 위한 것이 아니고 사회와 국가 경쟁력에 매우 크게 기여합니다. 왜냐하면 지식기반 사회로 가면서 고등지식을 계속 유지하면서 발전시키기 위해서 많은 선진국에서는 고등교육에 상당한 투자를 하고 있는데, 우리는 그런 인식이 제대로 안 되어 있는 것 같습니다. 그런 인식이 바탕에 깔려 있는 상황에서 고등교육 정책을 생각해보면 국립대, 사립대 비율이 2대 8 정도로 국립대 자체가 적어요. 국립대가 적기 때문에 고등교육 정책에 관해 발언하는 이해 당사자로서 밀릴 수 있는 거죠. 사립대의 정원을 감축하면 국립대도 감축하라는 이야기가 나오고, 국립대에 대한 지원정책을 펴면 왜 국립대만 하느냐라는 논리가 나오게 되지요. 그런 점에 대해서는 같은 문제의식을 갖게 됩니다. 국립대를 지원해야 하고 강조해야 하는 것은 국립대만의 문제가 아니고, 한국의 고등교육이라는 것에 국가가 더 책임감을 가지고 나서야 한다는 맥락 속에서 이야기하시는 것 같습니다.

류장수 단순히 특정 국립대를 구조 조정 하지 말자는 차원의 문제가 아니에요. 한국 사회에서 대학의 경쟁력뿐만 아니라 지역과 국가의 경쟁력을 위해 대학 인력 양성이 필요하고, 어떤 방식으로 양성하는 것이 소기의 목적을 달성할 수 있을 것이냐라는 차원에서 정부의 책무가 매우 크다고 봅니다. 정부의 책무라는 것은 시장에 맡겼을 때는 생존할 수 없지만 사회 운영에는 필요한 영역을 살려내는 것입니다. 돈이 든다고 해서 4차 산업 인력을 양성하지 않고 사회복지 관련 인력을 양성하지 않을 건 아니니까요. 이건 국가의 책무이므로 국립대를 통해서, 대학의 공영화를 통해서 실현되어야 한다는 원칙 정립이 필요합니다.

안현효 그런 점에서 보면 개인적으로 볼 때 현재 문재인 정부가 내놓은 여러 가지 고등교육 정책 중에 대학의 공영화를 고민한 정책이 공영형 사립대 정책이 아닌가 생각합니다. 공약에서 공영형 사립대를 30%까지 만들어보겠다고 하는데, 그러면 조금 더 공적인 역할을 요구할 수 있는 대학이 절반 정도가 되는 거죠. 절반이 되면 일반 여론과 대학 내 여론에 있어서도 국가가 대학을 지원한다는 생각이 상당히 지지를 받을 수 있을 것이라고 봅니다. 이전 정부에 비해서 단서들은 많이 나온 것 같습니다. 정부가 국립대를 네트워크 방식으로 발전시키고 공영형 사립대를 육성하며, 당장은 아니지만 공적 기능을 담당하는 대학의 수를 전체의 절반 수준으로 높이겠다는 부분은 단서로서는 굉장한 아이디어라고 봅니다. 그 부분에 대해서 어떻게 생각하시는지 말씀해주십시오.

류장수 사립대 공영화에 있어서 이번 정부에서 여러 가지 정책을 내놨죠. 깊게 본 것은 아닙니다만, 출발점에서 두 가지를 이야기할 수 있을 것 같아요. 추정컨대 하나는 재정과 거버넌스(governance)의 문제가 있는 사립대학의 붕괴가 일어나서 구성원뿐만 아니라 학생들에게 피해가 가면, 학교를 정상화하는 방법으로 공영화가 이야기될 수 있겠다고 생각하고요. 다른 하나는 앞에서 이야기한 이유로 대학교육의 공영화, 공공성이 중요하다는 것을 우리가 인정을 한다면 새로운 대학을 만들 필요는 없다는 것이죠. 모든 대학을 공영화할 수는 없겠지만 정상적으로 자생 능력을 가지고 지속 가능하게 유지될 수 없는 사립대학이라면, 그중에서 일부를 대학교육의 공공성 부분과 결합해서 활용하는 것입니다.

제가 이해를 잘못했는지는 모르지만 전자가 조금 강조되는 면이 있었던 것 같습니다. 대학교육은 단기적이 아니고 장기적으로 그림을 그려야 한다고 보면, 후자의 의미에서 사립대학의 공영화를 추진하는 것이 훨씬 토대를 탄탄하게 하는 것이 아닐까 합니다.

안현효 중요한 지적입니다. 전자는 사립대의 현실 문제에서 나오는 공영형 사립대의 요구이고, 후자는 국가 책임을 더 넓혀 보자는 적극적 필요에서 나오는 국가적 요구라고 할 수 있겠네요. 양 문제는 서로 시너지가 있을 것도 같습니다. 공영형 사립대가 논쟁 중에 있는데 만약 공영형 사립대처럼 공적인 역할을 할 수 있는 대학의 비중이 늘어난다고 보면, 공적인 역할을 하는 대학은 어떠한 역할을 해야 할까요?

물론 사립대가 공적인 역할을 하지 않는다는 것은 아니지만, 사실 한국 대학이 처음부터 공적인 역할을 하기 위해 출현한 것이 아니거든요. 대학은 공부하는 사람과 배우고자 하는 사람들이 모여서 만든 거고, 여기에 중세의 지배자들이 지원을 했기 때문에 초기에는 지역 사회와 갈등이 많았다고 하더라고요. 원래는 학생을 가르치고 연구를 잘하는 게 대학의 본질인데 오늘날은 대학이 지역과 많이 결합되었지요. 그래서 지역과 사회에서 더 많은 것을 요구하지 않습니까. 따라서 오늘날 대학들은 지역 사회 요구에 부응해야 할 텐데요. 예를 들어 부산에 있는 부경대에 지역은 무엇을 요구하고 있습니까? 어떻게 결합해야 할까요?

류장수 사립대학이 우리 교육에서 엄청나게 중요한 역할을 했죠. 상당한 학생들을 인력 양성하여 한국 성장의 밑바탕이 되었죠. 사립대학의 기여는 확실히 인정을 해줘야 되고요. 모든 사립대일 수는 없지만 앞으로 위기에 빠지는 사립대가 많이 생기니까, 대학의 공영성을 연결해서 새로운 시각으로 볼 필요가 있겠다고 정리하겠습니다.

그 다음으로 지역에 있는 대학들이 어떻게 지역 사회에 자리매김할 것이냐는 부분입니다. 최근에 지역과 연계해서 활동하는 대학이나 학과가 예전보다 늘어난 건 분명하지만, 지역 발전을 선도하고 지역이 어려움에 처할 때 대학에 의존하고 신뢰하는 수준까지는 가지 못했다고 봅니다.

그 점에서 저는 2000년대 중반에 OECD(경제협력개발기구)의 프로젝트가 굉장히 인상적이었습니다. 제목은 '지역 발전을 위한 고등교육기관의 역할'이라는 지역대학 프로젝트였는데, 12개 국가에서 14개 지역이 참여했고 한국에서는 부산이 참여했습니다. 부산시가 주도해서 참여한 것은 아니고 교육부가 주도해서 우리나라 지역 중에서 부산이 참여하면 좋겠다고 해서 제가 한국의 연구책임자로 참여했습니다. 거기서 중요한 문제의식은 지역 발전을 위한 고등교육기관의 역할에서 대부분 유럽 국가들은 대학이 지역을 위해서 기여하는 바가 우리보다는 확실히 많았음에도 불구하고 아직까지 부족하다는 것이었어요.

그래서 OECD가 당시에 캐치프레이즈 수준으로 이야기한 것이 '지역대학은 지역 안에 있는 대학이 아니고 지역의 대학, 지역을 위한 대학이 되어야 한다'는 메시지였습니다. 공간적으로만 지역에 있다고 지역대학이 아니라는 거죠. 이에 따라 14개 지역에 있는 대학들이 지역과 어떻게 결합되어 있느냐를 봤을 때, 우리는 아직 유럽만큼 지역대학의 역할이 중요하지 못한 것이 사실이지요. 앞으로도 이러하다면 지역대학이 유지되기 쉽지 않을 겁니다.

중앙정부에서 아무리 지방균형발전을 생각해서 지역대학을 살린다 하더라도 한계가 있습니다. 주체적으로 할 수 있는 것을 대학이 찾아야 하는데, 우리 대학들은 지역에 맞는 인력을 양성하기보다는 표준화된 인력을 양성하는 데 신경을 쓰는 것 같습니다. 우리 지역이 어떤 인력을 필요로 하는지에 맞추기보다는요. 물론 지역에서 대학 인력을 요구하는 절대 숫자가 많지 않아서 그렇기도 하지만 전반적으로 그런 흐름이 강했던 것 같습니다. 그렇다 해서 모든 지역대학이 이를 추구해야 한다는 것은 아닙니다. 예를 들어 부경대학교가 부산에 맞는, 조금 넓혀서 울산과 경남에 맞는 인력만을 양성하자라는 것은 부적절합니다. 대학은 기본적으로 국가가 필요로 하는 인력도 양성해야 하니까요. 즉 지역대학은 지역에서 필요로 하는 인력 양성 비중과 국가가 필요로 하는 인력 양성 비중에 대한 적절한 조합을 만들어야 합니다. 물론 그 비중은 지역대학마다 동일할 수는 없겠지요.

더하여 지역대학이 지역 발전을 선도하는 역할을 해야 합니다. 부산을 예로 들면 향후에 이런 산업이 필요하다는 것을 제안하고 그에 맞는 인력을 양성하기 위해 국가나 지자체, 기업으로부터 지원을 받아 추진한다면 좀 더 적극적인 자세인 거죠. 자연스럽게 일자리도 만들어지고요. 그런 부분에서 지금보다는 우리나라 지역대학들은 주체적으로 그리고 주도적으로 지역을 위한 역할을 더 해야 한다고 봅니다.

대학을 둘러싼 현안들 1. 등록금 동결

안현효 저도 지역과 대학의 관계에 대해서 깊은 연구는 아니지만 바르셀로나의 22지구에 대한 연구를 한 적이 있습니다. 그들은 지역을 재구성할 때 처음부터 연구소와 대학을 중심에 두고 접근을 했더라고요. 요즘 스마트 시티(smart city)라면서 세종시와 부산시에서 큰 프로젝트가 진행되는 걸로 알고 있습니다. 예를 들어 부산에서 지역 이슈가 생겼을 때 대학이 주도해서 연구 프로젝트를 제안하고 전체적인 실행 계획을 만들 때, 필수 조건으로 대학의 연구 기능과 교육 기능이 결합되는 방식으로 재구성하는 아이디어를 교수님이 실현해보시는 것도 좋지 않을까 생각합니다.

지금까지 전반적인 대학의 현실에 대해서 이야기를 나눠보았는데, 아주 현실적인 사안에 대한 생각을 들어보고 싶습니다. 앞에서 등록금 동결 이야기가 나왔는데, 등록금 동결은 어느 정부에서 시작한 겁니까?

류장수 이명박 정부죠. 노무현 정부 때는 올랐습니다. 이명박 정부 때부터 반값 등록금을 이야기하면서 장학금으로 반값에 대한 보충을 해주고 등록금을 동결하였죠. 물론 법적으로 무조건 동결이라는 건 아니지만 지금도 동결하는 게 대학에 유리하게 되어 있죠.

안현효 대부분 다 동결하죠. 결과적으로 동결이 이루어졌고 거의 10년이 넘었네요.

류장수 10년 정도 되었죠. 그전까지는 물가인상률을 기준으로 인상했죠. 2000년 초반 때 총장들을 만나보면 학생들과 등록금 인상률 협상 때문에 총장직 수행이 너무 힘들다는 얘기를 많이 들었습니다. 그래도 그때는 인상할 수 있었으니까 물가인상률을 기준으로 밀고 당기고 했는데 그 뒤부터는 동결 상태죠.

안현효 이게 생각보다 복잡한 문제인 것 같습니다. 대학 행정에 대해서 잘 아시니까 대학들, 특히 수도권에 있는 대학에서는 등록금을 많이 요구한다는 걸 저도 연구를 하면서 느꼈습니다.

사회적으로는 합의가 된 분위기인데, 국가장학금과 맞물리면서 국가가 대학에 재정을 투입하는 명분으로서 작동하고 있는데 어떤 해법이 있을까요?

류장수 참 어려운 문제죠. 이 부분은 대학에 계시는 분들은 하나같이 대학등록금을 이렇게 계속 동결하는 것은 어렵다고 합니다. 왜냐하면 물가와 인건비는 오르죠, 총장들은 모이면 '학교 운영에 관련된 각종 물가들이 다 오르는데 어떻게 동결하느냐, 이것도 몇 년이지' 하고 문제를 제기하며 이걸 좀 해결하자고 수시로 이야기합니다.

그런데 학생 입장에서 보면 등록금 인상이 쉽지 않아요. 대학교육이 일반화되어 있지 않습니까. 작년 하반기에 발표한 OECD 국제 고등교육 통계를 보면 20대 중반부터 30대 중반까지 우리나라 고등교육 졸업률이 세계 1위거든요. 세계에서 1위를 할 정도로 대학교육이 일반화되었는데 등록금이 지나치게 높을 때는 일반화 현상과는 안 맞는 상황인 거죠. 또 하나 봐야 할 게 등록금 동결이 오래 진행됐으니 손을 봐야 한다는 것이 대학 입장이라면, 학생 입장에서 보면 등록금 인상에 불만이 클 수밖에 없습니다.

OECD는 회원국과 비회원국 중에서 나름 규모가 큰 국가들을 포함해서 매년 교육 통계를 발표합니다. 거기에 대학등록금 부분이 있거든요. 여기에서 우리나라의 대학등록금 순위는 최상위 그룹에 있는데 그걸 보면 학생이나 학부모 입장에선 불만이죠. 우리나라 대학이 등록금 순위에 버금갈 정도로 수준 높게 가르치느냐, 졸업하고 난 뒤에 그 정도 수익이 나오느냐, 이렇게 생각하면 불만이죠. 또 정부 입장에서는 등록금을 올렸을 때 상당한 수의 학부모와 학생들이 대상이 되는데 정치적으로 엄청난 부담이죠. 그래서 예전부터 '누가 고양이 목에 방울을 달 것이냐' 이것 가지고 논쟁을 할 정도였습니다.

현실은 그렇습니다. 양쪽 모두 불만이 있는 것이죠. 해법에 대해서 하나하나 구체적으로 고민해야겠지만, 큰 틀에서 보면 한국은 고등교육에 대해서 정부의 투자 비중이 낮습니다. OECD가 작년 9월에 발표한 자료를 보면 우리의 GDP 대비 고등교육 공교육 비중은 1.8%로 OECD 평균인 1.5%보다 높지만, 정부의 투자 비중은 0.9%로 OECD 평균 1.1%보다 낮아요. 공교육 비중 중 나머지 0.9%는 일반인인 우리가 등록금을 내서 고등교육 투자 비중을 높게 만든 것이기 때문입니다.

고등교육 인력이 4차 산업혁명 시기에는 더욱 중요하다는 점에서 고등교육 투자에서 정부 비중이 낮다는 것은 앞으로 심각한 문제가 될 수 있습니다. 이 부분에서 정부가 고등교육에 대한 투자 비중을 지금보다 상당히 높여야 합니다. 그러면서 등록금 문제를 같이 고민하되 등록금 인상 문제가 사회적으로 부각되지 않게 하면서 대학의 재정적 어려움을 해결해야 합니다. 결국 파이를 크게 하면서 해결하는 방법이 저는 올바른 방향이라고 생각합니다. 정부 재정 확대를 통해서 하는 게 아니라 단순히 등록금을 높여 대학 재정을 해결하겠다는 인식부터 바꿔야 합니다.

OECD 평균보다 낮다는 것은 계속된 현상입니다. 이 부분에 있어서 정부의 책임이 있습니다. 이 문제를 풀어야 등록금 문제, 대학 재정 문제를 해결할 수 있습니다. 정부의 책임 문제는 그대로 두고 등록금만 가지고 이야기하면 대학과 학부모 간의 제로섬 게임(zero-sum game)이 됩니다. 대학 재정 문제를 해결하려고 하다가 결국 대상이 되는 학부모와 학생들에게 부담을 지우게 됩니다. 그보다 파이를 크게 해주는 게임, 크게 해주는 명분이 세계 통계 비교에서도 우리가 확인할 수 있지 않습니까. 저는 이런 부분에 있어서 정부가 고등교육 정책을 조속히 정비하는 것이 필요하다고 보고, 대학을 5~10년 뒤 어떻게 할 것이냐는 것에 재정 확대 원칙이 중요하게 포함되어야 한다고 봅니다.

안현효 사실 참 큰 이슈이기도 하고 앞으로도 연구와 설득을 통해 해결해야 하는 문제인데, 그래도 큰 원칙을 말씀해주셨습니다. 등록금 문제가 부각되지 않게 한다는 대전제하에서 필요한 재정을 정부의 책임으로 강화해나간다는 원칙이고 그것을 어떻게 달성할 것인지는 고민을 깊이 해야 할 것 같습니다.

대학을 둘러싼 현안들 2. 강사법 시행

안현효 지금 강사법 이야기도 신학기가 시작되면 가시화될 것이라고 생각합니다. 현재 강사법 이슈가 결국 법을 개정함으로써 강사의 법적 지위가 강화된 것은 틀림없는 사실이고 하나의 진전이라고 보는데요. 자살을 했던 강사도 있고 이게 매우 오래된 현안이지 않습니까? 그것을 해소했다는 점에서는 진전이지만, 만약에 고용악화라는 큰 부작용으로 간다면 어떤 식으로 해결해야 된다고 보십니까?

류장수 강사법은 올해 고등교육 분야에 있어서 정부의 가장 큰 이슈가 아닐까 생각합니다. 대학평가 혹은 대학진단으로 이야기했던 부분도 있지만, 당장에 있어서는 강사법이 대학에서 어떻게 적용될 것이냐가 중요하다고 생각합니다. 저는 강사법 논의에 참여하지는 않았습니다. 다만 개정법 통과 후 대학 현장에서 어떻게 적용될 것 같은지, 현재 우려되고 있는 상황에 어떻게 대처하는 게 좋은지에 대해 질문을 받은 적이 몇 번 있습니다.

그것부터 말씀드리면 저는 이렇게 이야기했습니다. 강사법은 대학 현장에 상당한 영향을 미치는 법이라 우려나 준비 부족으로 여러 차례 실시가 유예되었지요. 유예 기간 동안 일정 정도 준비한 대학들도 있지만, 실제로는 많지 않을 겁니다. 여러 차례 유예되었지만 대학들은 충분히 준비가 되어 있지 않았던 거지요. 이해가 충돌되는 법의 경우 실시 유예가 필요할 수 있습니다. 하지만 한 번에 전면적으로 실시하기보다는 단계적으로 실시하는 것이 좋습니다.

실제로 이해 상충이 심각한 사안을 법으로 시행할 때 단계적 실시 방법을 택한 경우는 많이 있습니다. 예를 들어, 이른바 주5일 노동이라 하는 근로시간 단축 문제나 1988년 최저임금 제도를 처음 적용할 때 단계별로 했습니다. 노동관계법에서 단계적 실시 사례는 상당히 많아요. 300인 이상 사업체에 대해 먼저 시행하고 1년이나 1년 반 뒤에 100인 이상 사업체로 넓혀 적용하는 식으로 하거든요. 물론 강사법의 경우에는 대학 규모별로 실시 시기에 차이를 두는 방식으로 하기 어렵습니다. 대학 규모가 작다고 해서 열악한 것은 아니기 때문입니다. 그렇다면 적어도 강사법의 적용을 받는 강사 비중을 가지고 예컨대 첫해는 50%, 그 다음해에는 70%, 그 다음은 90% 이런 단계적인 방식으로 몇 년 뒤에 완결되어야 소프트랜딩(soft landing)이 됩니다. 엄청난 변화를 줄 수 있는 정책을 한 번에 전면적으로 시행해버리면 개별 대학 입장에서는 충격이 상당히 클 수밖에 없어요.

물론 강사노조에서 전체 등록금 비중에 비하면 얼마 안 된다고 하지만 등록금이 동결되어 대학 재정이 제한된 상태거든요. 재정 압박을 받으면서 어느 비용을 어떻게 더 줄일까 고민하는 시점에 이전에 들지 않은 비용이 늘어나는 부분이 생기면 대학들이 어떻게 대응하겠어요? 대학교육의 질을 높여야 한다는 이야기는 정책적으로는 얘기될 수 있지만, 개별 대학으로 가면 비용을 줄여야 된다는 생각이 더 중요해요. 그런 점에서 소프트랜딩으로 단계적으로 했으면 좋았겠다는 생각이 들어요.

강사를 보호하는 정책은 필요하다고 생각합니다. 해야 되는 정책이기도 하고요. 노동경제를 하는 입장에서 보면 노동시장에서 교수와 강사 사이에 존재하는 격차만큼 큰 직업은 찾기가 어렵거든요. 정규직과 비정규직을 보더라도 대기업 정규직 임금을 100으로 했을 때 비정규직의 임금이 3분의 2 정도 됩니다. 그런데 지금 시간강사와 전임교수 간 격차는 엄청나거든요. 이 부분을 해결해야 하는 것은 당연하다고 생각하는데, 정책적으로 시행할 때는 소프트랜딩을 고민했었어야 한다고 봅니다.

교육 영역에서도 소프트랜딩을 고민한 정책이 있습니다. 로스쿨 정책도 '학교를 선정하고 난 뒤에 학생을 선발하고 3년 뒤에 졸업생이 나올 때 사법고시를 없애고 이 졸업생들에게만 기회를 주자' 이렇게 이야기하지 않았습니다. 기존에 공부하는 사법고시 준비자들이 있었거든요. 로스쿨 졸업자가 나오는 시점까지만 사법고시를 유지하고 바로 폐지하지 않았습니다. 합격자 수를 점점 줄이면서 최근에 사법고시가 완전히 폐지되었지요. 그렇게 해도 사법고시 폐지에 대한 불만이 있어서 사법고시 준비자들이 단체로 정부에 항의를 했는데, 로스쿨 제도 도입 3년 후 첫 졸업생이 나오는 시점부터 시행했으면 갈등이 심각했겠죠.

물론 강사법을 요구했던 강사노조에서 다수는 소프트랜딩에 동의하지 않겠죠. 빨리하자고 할 수 있겠지만 현실은 기존 강사를 해고하는 방식으로 대학들이 대응하고 있지 않습니까.

안현효 앞뒤 맥락을 충분히 이야기해주면 강사노조는 동의했을 것 같은데요.

류장수 그런 설득이 왜 필요하냐 하면 이번 강사법 중에서 맹점 중 하나가 미래 학자 그룹이 올라갈 수 있는 사다리를 치워버린 것이 되었다는 거예요. 후속 학자 세대의 단절이지요. 현실을 보면 대학들이 교원 지위를 받는 대학 강사를 선정할 때 강의 경력이 전혀 없는 사람을 뽑을 가능성이 매우 낮습니다. 1년 이상 계약이죠, 방학 때도 일정 부분 급여를 주고, 퇴직금을 주고, 공간도 제공해야 합니다. 그런 상황에서 강사법에 기초한 강사를 선정할 때 강의 경력이 전혀 없는 사람을 뽑을 대학이 얼마나 있을까요. 저는 이것이 중요한 포인트라고 생각합니다. 대책이 충분히 나오지 않은 상황에서 이렇게 시행해버리면, 대학이 중요하다, 대학교육을 책임질 인력 양성이 중요하다고 하지만, 정작 신규 교수 인력 양성에 심각한 문제가 생긴다는 거죠. 그래서 서울대 단과대학장과 대학원장들이 강사법 시행에 우려를 표하는 입장문 속에 신진 학자들에게 진입장벽이 생길 수 있다는 내용을 포함시킨 것으로 기억합니다.

그 부분은 정책적으로 반영이 되었어야 했는데 이번 시행령을 봐도 아직까지 놓치고 있습니다. 이번 강사법이 현재의 강사들에게 이전의 문제점을 일정 정도 해결하는 방법이 될 수 있겠지만, 지금 박사 과정에 다니고 있는 학생들에게는 사실상 학자로 올라가는 사다리를 치워버린 결과를 만들어버렸거든요. 이걸 어떻게 할 것이냐에 대해서는 제대로 대안을 만들지 못했지요. 강사법 시행에 대해서 유예한다, 시행한다 거기에만 주로 신경을 썼던 것 같습니다. 강사법 시행에 따라 일어날 수 있는 틈들을 촘촘하게 그리고 충분히 챙길 수 있도록 단계별로 적용하면서 준비를 했다면 하는 아쉬움이 큽니다.

안현효 이미 일은 진행됐으니까 뒷수습을 잘해야 할 텐데요. 지금 정부는 관련 예산을 받아서 지원하겠다고 하는데, 아까 학문 후속 세대의 사다리를 치웠다는 것은 뼈아픈 부분이고 지금이라도 긴급 대안을 마련해야 하지 않을까 생각합니다. 예를 들면, 강사풀 제도라는 아이디어가 있습니다. 연구재단에 예산을 주고 재단에서 자격이 있는 강사풀을 운영하면서 대학이 필요할 경우에 그 돈을 국가가 지원하는 것이죠. 현행 강사법에서 강사 채용은 대학이 담당하는데 비용이 부담되니 강사를 엄청 줄이는 추세고, 앞으로 적지 않은 강사분들이 강사 자리를 잃게 될 겁니다. 그래서 현행 강사 제도가 자리 잡을 때까지 한시적으로 강사풀 제도를 운영하는 것이 어떨까 싶습니다. 고용 이슈에서 보면 긴급지원 제도라는 것이 있어서 상당한 재원이 지원되는데, 왜 대학에는 그렇게 안 하는지 의문이 듭니다.

류장수 지금 일자리 안정자금은 노동자 30인 미만 고용 사업

주에 대해 지원하죠. 대상으로 선정되면 5인 미만 사업장의 경우 1인당 월 최대 15만 원, 5인 이상 사업장의 경우 1인당 월 최대 13만 원까지 지원되잖아요. 작년 한 해 일자리 안정자금 예산이 거의 3조에 이르고 있지 않습니까. 전체적인 최저임금 대상자에 비하면 강사분들의 규모나 사회적 파급력이 적어서 그런지 모르지만, 올해 강사법 대비 예산은 288억 원에 불과합니다. 그것도 처음엔 550억 원 신청했는데 국회에서 최종 통과된 건 288억 원입니다. 대학 수를 계산해보시면 이건 심각한 거죠. 현재 우리 국가 재정상 그 정도밖에 쓸 수 없는 것도 아닌데요.

이런 시점에 대학 재정을 확대하는 것이 지속 가능한 성장에서도 굉장히 중요하거든요. 강사뿐만 아니라 등록금 문제 등 대학 재정 전반에 대한 인식이 약한 것 같아요. 이게 얼마나 중요한 문제인지 모르는 것 같습니다. 특히 학문 후속 세대의 단절 문제까지 고려하면 어떻게 할 거냐는 거죠. 베이비부머 세대에 해당되는 교수님들이 현재 대학에 상당수가 있는데, 이분들이 몇 년 내에 대거 대학에서 빠져나가면, 이제 대학들은 우수 교수를 초빙해야 하는 고민에 빠질 겁니다. 물론 학령인구의 급감으로 퇴직 교수만큼 신규 교수를 채용하지 않는 대학들도 많겠죠. 어쨌든 신규 교수를 초빙해야 하는데 학문 후속 세대들이 올라갈 수 있는 사다리를 치워버리면 대학들은 어떻게 되고 우리 사회의 미래는 어떻게 되겠습니까? 심각히 우려되는 지점입니다.

안현효 일종의 교육 연구 생태계의 위기인 거죠. 연구 끝나고 취직을 해야 하는 구조가 맞춰져야 하는데 그 구조가 끊기면 대학원도 문을 닫게 된다는 거죠.

류장수 순수 연구 중심의 대학은 덜할 수 있겠지만, 대부분의 대학들은 교수 채용 시 강의 경력이 전혀 없다면 채용하기 대단히 부담스러울 겁니다.

대학을 둘러싼 현안들 3. 졸업생 취업

안현효 마지막으로 현안에 대해 여쭙고 싶은 것은 취업에 관한 것입니다. 대학평가에서 졸업생 취업률이 비중 있게 고려되고 있습니다. 이명박 정부 때는 굉장히 강조가 되었고 대학 내에서도 큰 이슈가 되었죠. 박근혜 정부 때도 취업률에 대한 강조를 하지 않겠다고 했지만 계속 중요한 현안이었고, 현재 문재인 정부는 특히 '일자리 정부'임을 내세우다 보니 원하지 않게 계속 강조를 하고 있습니다. 우리가 잘 알고 있지만 취업이 대학만의 문제는 아니죠. 수요처 쪽의 사정이 있지만 대학이 해야 될 일이라는 것을 생각할 때, 취업을 위한 교육만을 하겠다는 건 아니잖습니까. 대학교에서 학생들을 가르치는 기본적인 목표가 있음에도 불구하고 과정 이수를 하면 취업도 할 수 있어야 하는데, 현재 노동시장 상황을 어떻게 보아야 하느냐는 것도 중요하지요.

취업률은 통계적으로 조금씩 하락하고 있더라고요. 이전 정부에서는 취업률을 정책지표로 넣었을 뿐만 아니라 대학평가에서 가중치를 높였기 때문에 대학들이 상당한 압박을 받았던 것도 사실입니다. 이번 정부에서도 대학진단 등에서 취업률을 정책지표로 가져가긴 했지만 이전보다 가중치를 낮췄지요. 취업률을 둘러싼 이러한 상황을 어떻게 보고 계시고, 앞으로 대학들은 어떻게 대응해야 할지 말씀해주시겠습니까?

류장수 취업이나 취업률 부분은 대학에 있으면서 부담스러운 부분인 건 사실입니다. 오래전 얘기지만 영국에서 대학의 기능에 관한 세미나를 할 때 취업에 관해 논쟁했던 적이 있었습니다. '대학이 취업을 신경 쓰는 게 맞느냐, 정말 여기만 신경 써야 하느냐 다른 쪽에 신경 써야 하느냐'였는데 이런 논쟁은 영국뿐만 아니라 우리나라에서도 있었죠.

취업은 중요하다고 생각합니다. 대학이 취업이라는 것을 고려하지 않고 교수가 원하는 교육만 시켜서 내보내는 건 문제가 있는 거죠. 학문과 함께 잠재력, 상상력, 창의력을 키워주는 등 취업을 고려해야 하는데, 교수 자신이 필요하다고 생각하는 지식을 가르쳐서 내보낸다면 곤란하다고 봅니다. 그렇다고 취업에 지나치게 몰입하여 교육하는 것도 적절하지 않습니다. 일반 대학의 경우 취업시키겠다는 생각이 교육 과정에 너무 깊게 들어가는 것은 분명히 문제가 있다고 생각합니다.

직업전문학교, 학위까지 주는 전문대학에서는 일반 대학보다 취업 맞춤형 교육이 매우 필요하겠죠. 예를 들어 요리학과는 요리를 배워서 취업하는 게 직업이니까, 미국을 포함한 외국도 마찬가지로 그런 교육은 취업에 직접 맞추지 않습니까. 그렇지만 4년제 일반 대학의 경우에 적어도 '취업사관학교' 식으로 학교를 운영하는 것은 대학에 부여한 임무와는 다르다고 봅니다. 그런 대학에 정부 재정을 쏟아붓는 것은 우리가 신중히 판단해야 한다고 생각합니다. 그런 부분에 대해서 적절한 점을 찾아야 하는데 대학마다 차이가 있겠죠.

또 한편 제가 아까 지역대학이 해야 하는 역할에서 '지역에서 수요처가 있으니 연결해주자'라는 얘기를 했지요. 여기에서 더 나아가 지역에서 새로운 산업을 만들어내고 그에 맞는 인력을 양성해야 합니다. 훨씬 적극적으로 취업에 관련된 역할과 지역 발전에 대한 역할, 고부가가치화를 위한 역할 등을 지역대학이 수행해야 합니다. 그리고 비록 지금 상황이 어렵지만 4~5년 뒤부터는 대졸자의 취업 문제는 개선될 것이라고 봅니다. 구조적인 문제거든요. 2020~2030년 사이에 20대 인구가 200만 명 줄어듭니다. 엄청나게 줄어드는 거죠. 그 때문만은 아니지만 일본도 청년 인구의 급감이 대졸자의 취업률을 높인 주요한 요인으로 작용한 겁니다.

안현효 한편으로는 안심이 되면서 한편으로는 그 이유가 입구에서부터 청년 인구가 줄기 때문이라고 하니 겁이 나는 이야기이기도 합니다.

류장수 그래서 정부 입장에서는 이야기하기 어렵지만, 취업 환경이 지금처럼 어려운 상황이 계속되지 않을 겁니다. 다만 현재와 같이 어려울 때는 취업에 대해서 대학이 좀 더 신경을 쓸 수밖에 없겠죠. 그렇다고 하더라도 당장 필요한 능력만 키우는 데 올인하는 것은 진정한 인력 양성이라고 하기 어렵고, 학생들이 1~2년이 아닌 최소 10~20년 먹고 살 수 있는 그런 인적자원이 될 수 있도록 해야지요. 그래서 교양교육도 필요한 것이죠.

안현효 일반 대학에서 양성해야 하는 인재가 어떤 인재인지 이야기를 하시면서, 트레이닝 과정을 통해 양성하는 인재가 아닌, 지적인 사고를 통해서 직장으로 연결되는 인재를 양성해야 한다고 하셨어요. 그 이야기가 오늘날 시점에 맞는 것이 4차 산업혁명이 결국은 고급 지식을 요구하고 문제 해결 능력을 갖춘 인재를 필요로 하는 시대이기 때문이죠. 그런 차원에서 고등교육이 큰 역할을 한다는 것이죠.

류장수 앞으로는 그런 인력이 더욱 필요하죠. 이건 이공계도 마찬가지입니다. 이공계도 지금 융합교육을 하고 있지 않습니까? 결국 어떤 제품을 만들어낼 것이냐는 상상력이 필요하고 이를 위해서는 융합교육이 필요하다고 봅니다. 이공계에서는 지금까지는 복수전공을 하면 하나의 전공도 제대로 못하는 사람이 되지 않느냐, 지금 이수학점으로는 제대로 된 인력도 양성하기 어려운데 융합까지 시키면 어떻게 하느냐라고 말이 많지요. 이 부분은 대학과 교수들이 머리를 맞대면 좋은 방법을 찾아 해결할 수 있다고 봅니다. 어쨌든 앞으로는 이런 인력이 꼭 필요하거든요. 물론 모든 인력이 그렇게 될 필요는 없습니다. 대학에서 모두 융합전공을 만들 순 없지만 4차 산업혁명 시대에 적합한 인력이 양성될 수 있는 유연성을 대학이 갖춰야 한다고 봅니다.

안현효 또 이런 방법도 있습니다. 기존 학과 체제는 유지하되, 지금 문제가 되는 취업과 직접 연관이 없는 학과들 같은 경우 구조 조정이 일어나고 있습니다. 그런데 그 학과들의 상당 부분은 기초 학문이거나 사람이 살아가는 데 필요한 인문학이거든요. 학생들이 인문학 전공 한 개와 취업 관련된 전공 한 개를 같이 융합해서 공부한다면, 학과들도 유지가 되고 학생들은 융합 능력을 가지게 될 거라고 생각합니다. 문제는 그렇게 되면 이공계는 시수가 모자란다는데 제 생각은 시수를 1년 정도 더 주면 되지 않나 생각합니다.

류장수 제 전공이 교육경제학, 노동경제학이니까 어떤 분이 자녀들이 창의성을 키우고, 하는 일에 자부심을 느끼고, 사회에 필요한 인재가 되도록 하기 위해 어떤 준비를 해야 하는지를 물었어요. 저는 그렇게 고민하지 말고 책을 많이 읽으라고 권합니다. 책을 많이 읽고 글쓰기를 탄탄히 하면 그게 무엇보다도 시간 투자 대비 수익이 높다고 해요.

안현효 그게 정답인데 문제는 오늘날 학생들에게 그런 환경이 주어지지 않죠. 그래서 앞으로는 대학이 그런 환경을 만들어야 된다고 봅니다.

류장수 그래서 요즘 그런 대학이 좀 늘어나는 것 같아요. 부경대도 글쓰기와 독서가 이전보다 비중이 높아지고 있거든요. 학생들에게 강제적으로 읽으라고 할 순 없겠지만 한 권, 두 권 읽게 하면, 서서히 독서에 빠져들고 그 다음부터는 흥미도 생기고 속도도 나겠지요. 결국 창의력도 생길 테고요. 이게 4차 산업혁명에 맞는 인력이 아니냐라고 말하면 많은 분들이 동의합니다. 그게 구조적으로 대학에서 가능하려면 그런 사례들을 대학이 만들어야 한다고 봅니다.

2주기 대학기본역량진단의 뒷이야기

안현효 이제 대학기본역량진단에 대해 이야기를 해보고 싶습니다. 이번 정부에서 최저임금위원회 위원장으로 사실 노동 쪽 일도 하고 계시지만, 무엇보다 대학구조개혁위원회 위원장으로 교육에 관련된 역할을 하고 계시는데, 과거의 경험과 비교해서 어떤 다짐으로 대학구조개혁위원회를 운영하겠다는 생각을 하셨습니까?

류장수 이번 정부가 2017년 5월에 출범을 했죠. 저한테 대학구조개혁위원회 위원장 요청이 온 것은 그 직후입니다. 임기는 8월부터 시작됐습니다.

전화를 받았던 장소, 시간까지 기억할 정도로 저한테 매우 중요한 일이었는데 그때 전화를 받고 처음엔 사양을 했습니다. 이 일이 워낙 민감한 부분도 있고 '대학구조개혁'이란 말 자체를 좋아하지도 않는데, 위원장을 맡는다는 게 부담이 돼서 사양을 했어요. 그런데 전화하신 분이 위원회 명칭을 포함해서 어떤 일을 할 것인지, 예를 들어 부담스러운 2주기 대학평가 부분에 관해서도 어떻게 할지 자유롭게 결정해도 되지 않겠느냐고 얘기를 하셨습니다. 어쨌든 상당 정도의 자율성을 가지고 운영할 수는 있겠구나 싶더군요. 그래서 수락했지요.

대학구조개혁위원회는 이명박 정부 때부터 운영됐어요. 이전과는 다르게 운영하고 싶다는 생각이 있었는데, 특히 2주기 대학평가 부분을 새롭게 해볼 생각도 있었습니다. 그 부분은 큰 결정일 수도 있지만 저 혼자 결정하는 것이 아니고, 위원회에서 이야기가 나오면 기꺼이 관철할 생각이었습니다. 그 직후에 대학구조개혁위원회가 구성되고 첫 회의를 마친 후 김상곤 당시 교육부총리님과 오찬을 하면서 제 생각을 말씀드렸습니다. 그

랬더니 '그것도 자체 위원회에서 결정하면 됩니다'라고 결정 범위를 정하지 않았고 열려 있다고 말씀해주셨기 때문에 나름 자율성을 가지고 위원회를 시작하게 되었죠.

안현효 저도 관련해서 교수님을 뵈었을 때, 교수님이 '대학평가를 꼭 해야 할까?'라고 말씀하셨던 게 기억납니다. 그때 이미 근본적으로 판을 새로 짜는 문제도 고민해보셨다는 생각이 듭니다. 물론 실제로 많이 바꿨지만 프레임을 완전히 버리지는 않았는데 그 과정에 대해 자세히 말씀해주시겠습니까?

류장수 첫 회의 때도 안 교수님이 '대학평가 사업을 꼭 해야 하느냐', '대학을 어떤 잣대를 가지고 평가한다는 게 올바른 일이냐' 이렇게 제안을 하신 걸로 기억합니다. 이제 1년 반이 지났으니 솔직히 말씀드리면, 몇 분이라도 동의를 하신다면 그것을 관철하려고 했습니다. 위원님들이 속마음으로는 동의하신 분이 많았다고 생각합니다. 그러나 2주기 대학평가 진도가 너무 나가 있었다, 대부분 대학들이 준비 마무리까지 와 있는데 이 시점에 정부가 바뀌었다고 해서 중요한 정책을 없는 걸로 해버리면 또 다른 문제가 발생할 수 있다는 의견에 위원님들 다수가 동조하시는 분위기였지요.

그렇지만 이전과는 다른 방식, 다른 지표도 포함시켜서 해보자는 결론을 냈습니다. 이전 위원회에서 만들어놓은 지표들을 전면적으로 검토했죠. 대학에 부담은 되는데 대학을 정확히 평가하기 어려운 부분을 과감히 들어내거나 점수 비중을 낮추었죠. 그리고 대학을 대학답게 만들 수 있는 지표들, 예를 들어 대학의 거버넌스 부분을 포함해 민주성, 자율성, 대학 주체들의 참여도 등을 넣기로 했지요. 이때 치열하게 토론했던 기억이 납니다. 당시 몇몇 지표들의 경우 이견이 있었지만 저는 어떻게 해서라도 만장일치로 결정한다는 원칙을 가지고 접근했습니다. 허심탄회하게 얘기하니 이견이 있더라도 조율이 되더군요.

이전에 만든 것과 우리가 만든 것을 비교해보면 세부적으로 상당한 변화가 있었습니다. 그리고 평가가 아니라 진단이라 생각해서 이름도 '대학기본역량진단'으로 바꾸었습니다. 그리고 일부 자료는 이번 기회에 조사를 통해 새롭게 구축하여 데이터베이스화 하는 것으로 했지요. 평가가 아니라 진단이라고 할 수 있었던 주요 근거이기도 했습니다. 우리가 첫 회의에서 논의했던 것들이 충실하게 진행된 것은 사실입니다.

안현효 제가 처음 그런 자리에 가서 확신이 안 들었음에도 당시 위원장님과 시작점에서 생각이 비슷하다는 생각을 했습니다. 류 교수님도 평가를 정말 해야 하느냐고 하셨고 저도 평가에 반대하는 입장이었죠. 제가 이야기하고 싶은 것은 변화의 파장이 어떨지 사실 잘 모르는데, 그런 것들을 고려해가면서 수용하기 쉽게끔 만들어서 변화를 이끌어내는 과정을 봤다는 소감을 말씀드리고 싶습니다. 우리가 개혁을 하거나 새로운 것을 넣을 때 갈등 없이 진행하기는 어렵지만, 갈등을 최소화하면서 목적을 달성할 수 있으면 최선이라고 생각합니다. 5개월 정도 수차례 회의를 하면서 위원분들의 합의를 도출해내는 과정을 보면서 많이 배웠습니다. 어떻게 그런 능력을 갖게 되셨는지 궁금했어요.

류장수 너무 좋게 봐주신 것 같습니다. 저도 그 당시에 굉장히 긴장을 했습니다. 위원 한 분 한 분이 대표성을 가지고 계셨지요. 예를 들어 일반대학총장협의회 회장님이 들어오셨고, 전문대학협의회 회장님도 계시고, 지역 특성을 반영하는 분과 법적인 부분을 위해 변호사분도 계시고, 교육학자, 경제학자 등 다양한 생각을 가지신 분들이 모이셨죠. 저는 그분들 생각을 전부 다 모으면 거기서 공통분모가 나온다고 생각했습니다. 조금 차이가 있더라도 우리가 논의하면서 설득력 있게 이야기하면 동의하실 수 있는 분들로 구성이 되어 있다고 생각했어요. 그분들 중에서 몇 분이라도 본인 조직의 입장만 관철하려고 하셨으면 쉽지 않았을 겁니다.

그리고 지표를 개발할 때 '오늘 우리 밤을 새더라도 합의하면서 넘어갑시다'라고 말을 했습니다. 다수결로 하는 것은 당장의 어려움은 해결할 수 있지만, 계속 의사결정을 해야 하는 입장에서는 문제가 될 수 있기 때문이죠. 어떤 경우에는 지표 하나를 가지고 한두 시간 토론했던 기억도 납니다. 쉽게 끝나는 지표는 빨리했지만 중요한 지표에 대해서는 계속 논의를 했는데, 위원분들 모두 전문성과 합리성을 지니고 계셨고 대화에서 열린 자세를 보이셨어요. 우리나라 모든 대학들이 지켜보고 있고 지표 선정과 배점에 따라서 선정될지 안 될지 파장이 엄청나게 컸기 때문에, 그 정도의 책무감을 가지고 했다고 생각합니다. 위원님들 간에 생각의 차이가 있을 순 있지만 지금 만나도 반가워하는 것은 믿음이 있었기 때문일 겁니다.

물론 위기도 있었습니다. 내부 위기보다는 지표 등을 설명하는 공청회에서 우리 의사와는 별개로 강사노조와 직원노조가 단상을 점거하는 상황이 있었죠. 평가 혹은 진단을 거부하는 움직임도 일부 있었는데, 직전에 강사법과 관련하여 국회에서 진도가 안 나갔기 때문에 강사노조의 격앙된 분위기와 결합이 돼서 그랬죠. 더 이상 공청회를 진행할 수 없게 된 점은 당시에도 그랬지만 지금도 생각하면 아쉬운 일이었습니다. 그래도 막후교섭을 하는 등 나름 노력해서 물리적 충돌은 없어 다행이었습니다.

그날 전할 수 없었던 내용을 이후에 대학기획처장협의회에서 진솔하게 얘기했는데, 당시 협의회 회장이 '오늘 모임 이후로 우리 기획처장들이 이전보다 부정적인 부분을 많이 해소하였다', '이번 위원회가 대학 입장에서 문제를 해결하려는 자세를 보여주었다' 이런 말씀을 해주셨어요. 실제로 우리가 진솔하게 있는 그대로 이야기하고, 위원들도 대학의 자율성을 상당히 강조했고 대학을 존중하려고 하지 않았습니까. 그 때문에 진단 자체는 어느 대학이든 불편하겠지만 결국 큰 문제없이 진행된 것이 아닌가 생각합니다.

안현효 저희가 5기 대학구조개혁위원회였죠. 이전에 위원회는 굉장히 고압적이었다고 하더라고요. 대학에 대한 태도도 그렇고요. 이전 위원회와 큰 차이가 있었죠. 위원회의 성격을 정하는 위원장의 역할이 컸다고 봅니다. 대학들 위에 군림하는 것이 아니라 대학의 입장에서 이야기를 들으려고 한다는 것을 대학이 이해했기 때문에, 진단이나 평가라는 것이 불편하지만 수용할 수 있게 된 것이 아니었나, 큰 틀에서 그렇게 이해했습니다. 제가 어쩌면 이중적인 입장입니다만, 단상 점거 건도 서로를 이해하는 과정에서 불가피한 갈등이었다고 봅니다. 갈등을 대처해나가는 방식이 좋았고, '통과하지 않을 수가 없었다'라고 생각합니다.

마지막으로 2018년 대학기본역량진단에 대해서 총평을 부탁드립니다.

류장수 과정은 힘들었지만 전체적으로 볼 때 잘 진행되지 않았나 자평합니다. 이번의 진단에서 특히 공정성을 강조했습니다. 저는 위원장이 된 후 개별 대학은 물론이고 각 지역 총장협의회 등으로부터 초청 특강 의뢰를 받았지만 정중히 사양했습니다. 그런 곳에 가서 대학기본역량진단의 취지나 내용에 대해 설명하는 것도 의미 있겠지만, 공정성에서 문제가 될 것 같았거든요. 적어도 우리 위원회는 공정성 부분에서는 어떠한 빌미도 만들어서는 안 된다는 점을 중요하게 생각했고, 그래야만 대학들도 결과에 대해서 수용할 수 있다고 생각했습니다.

딱 한 번 공개로 설명하러 간 적이 있는데, 앞에서 말씀드렸던 전국기획처장협의회였습니다. 보통 때라면 안 했겠지만, 직전에 공청회가 중단되는 사태를 맞았기 때문에 이분들에게 지표 내용, 문제의식 등을 설명할 필요가 있어서 한 겁니다. 이건 여담입니다만 강사료 입금계좌를 묻기에 받지 않았습니다. 조금이라도 문제가 될 소지가 있는 것은 처음부터 없애려고 했습니다. 공정성에 대해 개별 대학에서 크게 느끼기 때문에 조심해야겠다는 생각이 강했지요.

그리고 우리는 진단 수행 자체에도 개입하지 않았죠. 대학구조개혁위원회와 진단위원회는 완전히 별개로 움직였는데, 저는 교육부가 잘했다고 봅니다. 방법의 정확성에 대해 우려되는 부분은 우리 위원회가 논의도 하고 의견도 제시했지만, 실제 진단 집행을 진단위원회 쪽에 맡겨서 했던 것이 좋았어요.

진단지표 선정 방법을 논의할 때 쟁점 중 하나가 '지역 할당을 어느 정도 할 것이냐'였는데, 위원님들 중에서는 '수도권에 많이 주자', '지방에 많이 주자'로 의견이 나뉘었습니다. 그 몇 가지 안 중에서 결국 지역 할당 비율이 제일 높은 걸 선택했지요. 그런데 결과를 보니 4년제 일반 대학에서는 수도권 대학 중 자율개선대학에서 탈락한 대학이 매우 적었죠. 나중에 진단평가한 분들한테 이야기를 들어보니까 지역 할당 비율이 생각보다 높아 수도권 대학들이 자율개선대학에서 탈락할 가능성이 높을 수도 있어 상당히 긴장을 했다고 합니다. 그런데 전문대는 수도권에서 많이 떨어졌거든요. 수도권 전문대학이 강력하게 항의를 했습니다. 그래도 진단평가 이전에 지역 할당 비율을 명확히 정하고 한 것이라 큰 문제 없이 넘어갈 수 있었습니다.

또 특징적인 것은 충청권에서는 지난 1기에 하위 등급에 있는 대학이 많았는데 이번엔 그 대학들이 컨설팅이나 자체 노력을 통해서 많이 개선되었다는 점입니다. 충청권 대학의 점수가 이번에 높게 나왔습니다. 이 결과를 보면서 위기를 느낀 대학이 변화에 훨씬 더 민감하고 적극적으로 대응한다는 걸 느낄 수 있었어요.

3주기 대학기본역량진단의 방향

안현효 전체적으로 평가가 끝나고 나서 정부 쪽 평가, 교육단체 등 시민단체의 반응, 대학의 입장 등 완전히 만족하지는 않겠지만, 이전 시스템보다는 나름 개선되었다고 총평을 내릴 수 있습니다. 이른바 3주기라 불리는 새로운 진단에 대해서 어떤 방향으로 나가는 게 좋을지 말씀해주시겠습니까?

류장수 3주기 진단에 대해 말씀드리기 전에 우리 위원회가 맡은 2주기 진단 초기에 있었던 사례를 먼저 말씀드리고 싶습니다. 이전 정부에서 2주기 평가 때 대학 정원 5만 명을 감축하겠다고 발표했습니다. 제가 위원장을 맡고 첫 공청회 때 인사말을 하면서 5만 명이 아니라 감축 인원을 2만 명대로 해서 추진하겠다고 했습니다. 그 당시 특히 대학평가에 대해 대학들이 상당히 부정적이었음에도 불구하고 공청회에 참석했던 분들이 박수를 쳤던 기억이 납니다. 저는 몇 년 후부터 학령인구가 급감하는데 구태여 정부가 나서서 5만 명이나 줄일 필요가 없다고 생각했습니다. 5만 명 중 상당 정도는 시장 기능에 의해 감축될 수밖에 없는데 정부가 대학들로부터 비판까지 받으면서 너무 나갈 필요가 없다고 본 거죠.

정부가 주도적으로 나서서 대학 정원을 직접 줄이겠다고 하는 것은 위험한 생각이라고 봅니다. 일정 부분에 대해선 정보의 비대칭성 때문에 정부 개입이 필요하지만 일정 부분은 시장에 맡겨도 된다는 것이죠. 몇 년 뒤의 시장 상황을 보면요. 그래서 저는 정부 기능과 시장 기능의 조합을 통해서 하겠다, 그게 2만 명이 될지 3만 명이 될지 모르지만 5만 명의 절반으로는 가야 한다고 생각했습니다. 그 당시에 교육부에서는 적지 않게 당황했을 겁니다. 위원장이 평가에 의한 감축 인원을 2만 명으로 이야기했을 때 앞으로 2만 명 감축으로 갈 수밖에 없는 구도일 수 있거든요. 실제로는 2만 명대보다 적은 만 명으로 갔죠. 적어도 정원 감축에서는 처음부터 끝까지 정부의 개입을 최소화해야 한다고 생각했습니다.

3주기의 시행 기간을 생각하면 정원 감축에 대해서는 정부가 굳이 강조를 안 해도 될 것 같아요. 얼마를 줄이겠다는 목표보다는 재정지원대학을 선정하는 방법에 초점을 맞춰야 한다고 생각합니다. 이제 2년 뒤쯤이면 학령인구가 급감하고 3~5년 이후에는 시장 기능이 엄청나게 작동하게 됩니다. 재정을 통해서 살아날 수 있는 대학은 지원하고, 아닌 대학은 지원을 끊는 것이 앞으로의 진단 방향이라 생각합니다.

제 임기가 올해 8월까지인데 3주기에 관한 주요 의사 결정이 그 전에 이루어질지 아니면 제 임기 종료 이후에 결정될지 모르겠습니다. 지금으로는 소위 1기, 2기라고 하는 평가의 연장선에서 3기 진단을 꼭 해야 하느냐라는 생각이 듭니다. 그런데 걸리는 문제는 대학에 정부 재정을 지원해야 하는데 모든 대학에 n분의 1만큼 나눠줄 것이냐인데 이건 아니라고 생각해요. 그렇게 되면 한계대학이 지원을 받아 수명을 연장하면서 학생들이 피해를 보는 문제가 생기죠. 또 하나는 진단을 하지 않으면 시장 기능에 의해 지역대학들이 심각한 위기에 봉착하게 됩니다. 지역대학 자체에 문제가 있다기보다는 수도권과 지방 간의 서열 구조 속에서 시장 기능에 의존해서 대학 재정을 지원하게 되면 지역대학은 더욱 어렵게 되겠죠. 그 결과 지역이 위기에 처하고 더 나아가 국가 자체가 흔들릴 수밖에 없잖아요. 즉 형평성뿐만 아니라 효율성에도 문제가 있다고 보기 때문에 대학 재정에 대해서는 정부가 개입해서 지역별로 일정 할당을 해야 한다고 봅니다. 그 부분은 지난번 진단의 원칙을 지켜나가야 합니다. 그래서 그 부분이 걸립니다. 진단을 안 했으면 좋겠는데 앞에서 언급한 문제점이 발생할 수 있기 때문에, 어떻게 하면 진단 실시에 따른 대학 부담을 줄이면서 재정지원대학을 석출해낼 것이냐가 현실적인 고민인 거죠.

안현효 말씀하신 부분이 사실은 대학 사회, 넓게 보면 우리 사회의 컨센서스(consensus), 곧 합의 수준이 아닐까 생각합니다. 5기 대학구조개혁위원회에서 협의할 때 위원장님이 평가를 꼭 해야 하느냐고 했지만, 위원회에서 평가를 완전히 버릴 수 없었던 것은 어떻게 보면 교육부 생각과도 차이가 크게 나지 않는 것이죠. 즉, 이미 예고되었다는 것과 정책의 일관성이 매우 중요하다는 논리가 있었고요.

대신에 그런 부분에서 양보가 된다면 3기 진단 설계는 새롭게 가능한 것이다, 이런 이야기도 있었잖습니까? 그러면 새로운 설계 내용이 무엇이냐는 것인데 저도 관련 연구를 하면서 이해 관계자들의 의견을 수렴해보니, 교수님이 말씀하신 그대로 정원 통제를 이제는 안 했으면 좋겠다는 것이었습니다. 그럼에도 동시에 제가 주로 설득해본 것은 우리가 재정 지원을 받아야 되지 않느냐, 대학이 재정 지원을 받으면서 평가를 안 받는 것이 설득이 되느냐, 그러니 평가는 받아야 된다는 것이었죠. 결론은 재정지원대학 선정이 되는 것이죠. 그런 방식으로 가는 것이 차기 진단이라고 부르는 3기 진단의 큰 방향이 될 것 같습니다.

또 하나는 위계화된 대학 질서라는 것을 그대로 상수로 두고 평가를 하는 것에 대해 2주기 때 지역별 균형성으로 브레이크를 걸었는데, 그것은 좀 강화할 필요가 있지 않느냐 하는 정도가 차기 진단에서 큰 방향이 되었으면 좋겠다고 생각합니다. 앞으로의 타임라인이 나와 있지는 않지만 재임 기간 중에 가능하시다면 관철하셨으면 좋겠습니다.

질문을 이어가겠습니다. 현재 지표 개발에 대한 구체적인 이슈들에 대해서 지역 균형성, 정원 조정에 관한 문제 외에 추가적으로 고민해야 될 부분으로 어떤 것들이 있습니까?

류장수 지표 개발 부분은 연구팀에서 초안이 만들어졌고 위원장 입장에서 1차적으로 리뷰를 했습니다. 아직 확정된 것은 아니고 교육부와 여론도 수렴해야 하는 과정에 있습니다. 제가 진단지표 개발팀에서 만든 초안에 대한 설명을 들으면서 동의를 했던 것은 예를 들어, 중장기발전계획과 같이 정성적인 측면이 강하면서 점수화하기 적절하지 않은 지표는 제외하자는 것이었습니다. 대학들이 중장기발전계획을 만들면서 자문을 받는 것은 필요할 수 있지만, 진단에서 점수로 연결될 때는 대학 주체들보다는 이른바 컨설팅 업체에 지나치게 의존하는 경우가 적지 않다고 듣고 있습니다. 부끄러운 자화상이죠. 이번 2기 진단에서 이 점을 일부 반영하여 우리 위원회가 받을 때, 8점으로 되어 있던 중장기발전계획의 점수를 2점으로 낮추기는 했지만, 아예 삭제하지 못한 점은 제 입장에서는 아쉬웠습니다. 3기 진단에서는 적어도 중장기발전계획 부분은 지표에서 아예 삭제하는 것이 좋을 듯합니다.

취업률 부분도 대학에서 취업률이 중요하지만 지나치게 취업률에 매달려야 하느냐, 그리고 취업률 개념이나 측정에서 기술적으로 정확성 문제가 있어 재고가 필요하다는 생각을 합니다.

대학평가에서 취업률이 들어가기 시작한 것은 이명박 정부 때부터였어요. 지금은 취업률이 대학평가와 각종 사업평가에 당연히 들어가는 지표로 인식하고 있지만 그 역사는 그리 길지가 않습니다.

이명박 정부에서 초대 교육문화 수석을 했고 이후에 교육과학기술부 장관을 역임했던 이주호 장관이 야당 국회의원이었을 때, 저와 대학평가 때 취업률을 넣는 문제에 대해 논쟁했던 기억이 납니다. 저로서는 워낙 논란이 되는 거라 이주호 의원실 창가에 함께 서서 대화한 장면까지 눈에 선합니다. 이 의원은 대학평가 때 취업률 지표를 넣어야 한다는 제안을 하더라고요. 저는 굉장히 반대를 했습니다. 같은 노동경제학 공부를 하는 입장에서 지금 나오는 대학취업률이 정확하지 않다는 걸 알지 않느냐, 이런 지표를 넣으면 대학에 상당한 혼란을 줄 수 있다, 그렇게 되면 결국 대학은 비정상적인 방법을 동원해서라도 취업률을 높이려고 한다고 말했습니다. 이 의원은 제가 지적한 점을 이해하지만 일단 시행하면 시행착오를 거치면서 자리가 잡히고 2~3년 뒤에 해결된다고 하더군요. 어쨌든 이명박 정부가 들어서고 취업률 지표가 대학의 각종 평가에 단골로 들어가기 시작했습니다.

이주호 의원 생각대로 취업률 지표를 넣으면 처음엔 다소 부정확하더라도 점점 개선되어 몇 년 후 해결될 것이라는 판단이 맞았나요? 저는 그렇지 않았다고 봅니다. 현재 대학의 각종 평가에서 사용되는 취업률은 노동경제학에서 정의하는 취업률과는 차이가 있습니다. 졸업 후 공무원이나 민간기업 시험준비생들은 비경제활동인구로서 실업률이나 취업률 계산에서 제외하는 게 우리나라는 물론이고 국제노동기구(ILO)의 방식인데, 현재 대학평가에서는 시험준비생은 결국 실업자로 분류된다는 점에서 문제가 있고요. 더 나아가 취업에서 질적 문제는 매우 중요합니다. 물론 처음과 달리 취업의 질을 반영하기 위해 취업 후 근무 기간도 점수화하긴 했지요. 그러나 그것만으로 취업의 질을 정확히 반영할 수는 없습니다.

그리고 결국 진단이라는 것은 대학에게 가이드라인을 제시한다는 의미도 있거든요. 그 부분에서 앞으로 대학이 가야 할 방향에 대해서 필요한 지표가 추가될 수 있겠죠. 거버넌스 문제라든지, 그래도 대학이 가장 민주적인 기관이라 할 수 있는데 그것을 가지고 있느냐의 문제라든지 하는 부분은 강조되어야 할 것 같고 교육 과정은 여전히 중요합니다.

이렇게 지표에 변화를 주는 것이 필요하지만 진단을 하는 기본은 대학들을 고생스럽게 하는 게 아니라 지금까지 자체에서 하던 일들을 정리하도록 하는 기회여야 합니다. 활용도에 있어서도 엄청난 페널티로 가는 것보다는 인센티브 쪽으로 가서 결과에 대한 충격을 지금과는 달리 가져가야 한다고 생각합니다. 그리고 많은 부분은 시장 기능에 맡기고 정부 역할은 제한하는 것이 앞으로의 방향에 맞는 것이 아닐까 생각해요.

다음 진단은 2018년, 2019년, 2020년 세 개 년도를 대상으로 하는데 만약 이런 식으로 진단 취지와 세부 지표가 바뀐다면 2018년부터 진단하는 것이 바람직한 것인지 고민해야 한다고 봅니다. 정책적으로는 3년-3년-3년이 진단 기간이라 3기 진단은 2018년부터 단절 없이 가는 게 맞습니다. 하지만 이제 지표 개발 연구가 마무리되는 시점이고 아직 대학에 알려지지 않은 상태에서, 대학들의 2018년 자료가 진단에 들어가는 것이 올바른가라는 걱정이 있습니다. 이 경우 진단의 중요한 요소인 예측 가능성 부분에서 문제가 되지 않느냐 생각합니다. 고정관념에서 벗어나야 합니다. '미리 결정된 것이니까 무조건 해야 한다'는 것이 항상 옳은 것은 아닙니다.

저는 이런 논의를 빨리 시작해야 한다고 봅니다. 이번 5기 대학구조개혁위원회가 반 년 정도 남았는데 중요한 것은 마무리를 하는 게 좋아요. 우리 위원회가 필요한 시점에 교육부와 논의를 해서 일정을 잡을 필요가 있겠다는 생각입니다.

안현효 전문가가 아니면 말씀하신 내용을 이해하기 어려울 수 있겠지만, 대학에 계신 분들은 굉장히 관심을 갖는 부분이라 의미 있게 들으실 것이라 생각합니다. 중장기발전계획을 빼는 계획은 중장기발전계획이 일반재정 지원 계획에도 들어가서 양쪽에 다 들어갈 필요가 전혀 없기 때문에 크게 어렵지 않을 것 같습니다.

현실적으로 지표를 들여다보면 취업률에 대해서는 교수님 의견에 동의합니다. 취업률에 손을 댈 수가 없는 현실의 어려움이 있습니다. 다른 부분은 대학구조개혁위원회 안에서 협의하면서 결정할 수 있는 현안이고, 진단 시기에 있어서 2018년을 넣는 것이 앞뒤가 안 맞는 말이라는 데 저도 동의합니다.

류장수 취업률과 관련해서는 이게 워낙 중요한 지표가 될 수 있기 때문에 이걸 넣고 안 넣고 하는 게 엄청난 영향을 줄 겁니다. 제 판단으로도 취업률을 진단에서 아예 제외하는 것이 쉽지 않습니다. 특히 지금과 같이 청년실업률이 높은 상황에서 진단과 각종 사업평가에서 취업률을 들어낸다는 것은 더욱 어렵겠지요. 그렇다면 취업 관련 지표를 더욱 정교화하고 지표의 배점을 낮추는 조정안을 생각해볼 수 있습니다. 결국은 위원님들과 논의해서 결정해야 합니다.

안현효 지금 현안들이 대학에 닥친 위기를 극복해나가는 데 기여할 수 있도록 역할을 한다면 박수를 받고 끝날 수 있지 않을까 생각합니다.

대학 발전을 위한 제언

안현효 마지막으로 미래에 대해서 이야기해보겠습니다. 대학에 몸을 담은 뒤 대학에 대해 많이 생각하게 되더라고요. 해결해야 될 문제는 긴박한데 왜 한가한 생각을 하느냐고 반문할 수도 있지만, 이야기를 해보면 대학이 무엇인지에 대해서는 전혀 합의를 안 하고 있다는 생각이 들었습니다. 도대체 대학이라는 것이 무엇인지 교수님 의견을 말씀해주시면 좋겠습니다. 전 세계 거의 모든 국가에 대학이 있는데 운영 방식이 다 다릅니다. 하지만 그 이름을 같이 이용하고 있다는 것은 기원이 같다는 것인데 서양에서 나온 조직이라는 것이죠. 그것이 전 세계로 확산되어 나가는 상황임을 고려해볼 때, 한국에서 대학이라는 것은 무엇인지, 어떻게 자리매김할 수 있을지 말씀 부탁드립니다.

류장수 전공에 따라서 대답이 다를 것 같습니다. 대학 자체가 서양에서 나왔지만 예전에 우리나라에도 성균관처럼 작은 규모이긴 해도 고등교육 시스템이 있었죠. 지금은 그것이 상당히 확대되었고요.

저는 대학의 기능을 세부적으로 나누면 교육, 연구, 사회봉사라고 봅니다. 단기적으로 어떤 문제를 해결하는 기관은 아닙니다. 정치 권력과도 떨어져 있어야 하고, 기타 대외적인 것에서도 지나치게 단기적인 부분과는 떨어져 있을 필요가 있다고 봅니다. 장기적으로 국가 경영, 지역 경영을 위한 인력을 양성하는 교육과 단기뿐만 아니라 장기에 있어서 국가 경쟁력을 키울 수 있는 연구 그리고 지역 사회에서의 기능 등 이런 부분에 대학이 초점을 맞춰야 한다고 생각합니다.

지금까지 많은 어려움이 있었지만 고등교육기관으로서 인력 양성을 많이 했죠. 대표적으로 1970년대 중반 중화학공업이 시작될 때 그 핵심 인력은 대학에서 양성했거든요. 그리고 앞으로 4차 산업혁명 시대에 적합한 인력은 기업과의 연계도 필요하지만 새로운 인력이라는 점에서 대학에서 주로 양성할 수밖에 없습니다.

그런 점에서 대학의 기능은 교육, 연구, 사회봉사 기능에서 역할을 잘 수행하는 것입니다. 그리고 대학은 장기적으로 지속 가능성을 만들어내는 기관이어야 합니다. 단기에 대한 요구도 있을 수 있지만 정부가 이번 정권에 한정하지 말고, 지속 가능성을 고려해서 앞으로 어떻게 할 것인지에 대해 가능한 빠른 시일 내에 대학의 비전과 전략을 구체적으로 만들어야 합니다.

안현효 예를 들어 기업은 돈을 못 벌면 부도가 나지 않습니까? 그래서 단기적 효율성을 추구할 수밖에 없는 조직인데 대학에도 그런 것을 요구하는 것은 안 맞다고 봅니다. 사회에서 필요로 하는 대학은 사회가 필요한 지식을 가지고 있어야 합니다. 공공도서관이라는 것이 상징하는 바와 같이 사회가 좀 지켜보는 태도가 필요하다고 생각합니다. 그리고 낭비라고 생각하지 말고 예비군이라고 할까, 저장소라고 할까, 대학을 그렇게 생각한다면 투자를 하는 것이 꼭 비용이라고 생각하지 않을 것 같습니다.

대학에 대해서 대학이 무엇이고 앞으로 어떻게 가야 할 것이며, 사회 속에서 대학은 무엇이냐고 하는 것에 대해 좀 여유를 보이는 시각을 가질 때가 되지 않았나 생각합니다. 대한민국이 선진국 문턱에 있는데 선진국으로 가려면 대학을 대하는 태도가 바뀌는 것이 우선이지 않을까 생각합니다.

류장수 어떤 지역 사회에서 어려움이 있을 때 대학이 나서서 해결하는 구조가 처음 대학이 생겼을 때에는 있었는데, 지금 우리 대학의 지위와 역할은 점점 떨어지는 것 같습니다. 그게 정책적인 측면도 있겠지만 대학 스스로 자초한 측면도 있었다고 생각합니다. 외부에서 대학을 존중하고 신뢰할 수 있는 기관으로 여긴다면 대학이 단기뿐만 아니라 장기에 어떤 역할을 한다고 말할 때 믿음을 줄 수 있을 텐데 현재는 그렇지 못한 것 같습니다.

이것을 대학의 위기라고 본다면 정부가 정책을 잘 만든다고 해결되는 문제는 아닙니다. 정책을 만드는 것부터 실행까지 좀 넓게 보고 대학과 함께한다는 것, 대학이 더욱 자율성과 주체성을 가지는 것이 필요한 시점이 아닌가 싶습니다.

대학의 위기를 기회로

안현효 거의 세 시간 가까이 말씀해주셨는데, 오늘 논의를 마무리하는 말씀 부탁드립니다.

류장수 아마도 한국 대학은 몇 년 뒤부터 엄청난 위기에 빠질 것이라고 봅니다. 이전에 경험하지 못한 정도의 수준일 겁니다. 이런 얘기는 몇 년 전부터 계속 나왔으나 대학에 계신 분들은 구체적인 대처 방식에 대한 준비가 취약하다고 봅니다. 그런 부분에 대해 개별 대학, 지역, 국가 모두 준비가 시급하다고 생각합니다.

저는 이 위기가 기회가 될 수도 있겠다는 생각을 합니다. 지금까지 대학이 하향 평준화된 면이 있거든요. 대학 자체가 매년 진단을 수차례 받고 중장기보다는 단기적으로 대응을 해야 하는 구조 속에서 인력 양성, 연구, 사회봉사 부분이 전체적으로 부족했다고 봅니다. 그런 상황에서 이런 위기 국면이 대학 자체가 변화될 수 있는 계기가 될 수 있습니다. 또한 4차 산업혁명이 우리가 상상하는 것 이상으로 변화를 일으킬 수 있는데 여기에 적합한 인력 양성을 대학 외에는 하기가 어렵습니다. 이처럼 새로운 인력을 양성하고 이 인력이 새로운 사회 시스템에 적응하도록 하는 것이 대학이기 때문에 한계대학에 대해서는 어떤 방식으로든 정리가 필요하지만 나머지 대학에 대해서는 지금보다 더 많은 재정 지원이라든지 자율성 보장, 존중이 필요합니다. 대학에 대한 재정 확대는 단순히 얼마 더 늘어난다는 돈의 문제를 넘어서 전체적인 대학의 어려움을 해결할 수 있는 촉매제로서 대단히 중요한 부분입니다.

염려스러운 것 중 하나는 앞으로 학령인구가 크게 줄어드니까 빈 강의실도 생기고 교수 충원율도 당연히 높아질 테니 대학 재정을 늘릴 필요가 없다고 인식하는 것입니다. 그건 매우 잘못된 생각입니다. 오히려 지금까지 재정 투자가 충분하지 못했던 것이 문제입니다. 이제부터 대학이 정상화되는 과정이라고 생각하고 대학에 적극 투자해야 합니다.

경제학에서 스톡(stock)과 플로(flow)는 매우 중요한 개념입니다. 대학에 이 개념을 적용하면, 스톡은 대학의 총자산이고 플로는 1년 예산이라고 볼 수 있어요. 한국 대학의 스톡 규모는 미국, 유럽, 일본의 대학 스톡 규모에 비하면 상당히 떨어지잖아요. 그런 상황에서 매년 우리 대학의 플로를 선진국 수준과 같이 맞춘다 하더라도 스톡의 격차를 줄이기가 어려워요. 그런데 몇 년 후 학령인구가 급감되어 생존대학의 경우 자연스럽게 여건이 나아진다고 오해를 하고 플로를 줄여버린다면 선진국 대학 수준과의 격차는 더욱 커지게 됩니다. 이는 대학뿐만 아니라 지역, 국가에 대해서도 위기를 자초하는 것이죠. 대학은 학생들의 미래를 밝게 열어주는 것은 물론이고 더 나아가 미래에 지역과 국가 발전의 핵심 축이라는 인식의 대전환이 필요합니다. 바로 이러한 인식 전환이 조만간 닥칠 대학의 위기를 극복하기 위한 출발점이라고 봅니다.

안현효 대학인이 느낄 위기를 무엇에 비유할 수 있을까요. 생각해보면 1997년 IMF 때 위기가 오기 전까지 위기가 온다 온다 했지만 실제로 그런 일이 있으리라고 예상 못했던 것처럼, 대학에도 그런 위기가 오지 않을까 생각합니다. 역사로부터 배운다고 생각하면, 가정이지만, IMF 때 우리가 미래를 미리 알고 그에 대해 미리 준비했다면 충격과 변화는 좀 더 나았을 것이라 생각합니다. 그래서 지금 얼마 남지 않은 이 시기에 같이 고민하고 준비하여 위기가 왔을 때 기회로 삼을 수 있어야겠지요. 변화는 우리가 어떻게 하느냐에 따라 달라질 수 있지 않을까 합니다. 오늘 이야기가 그런 것을 같이 고민할 수 있는 좋은 기회가 된 것 같습니다.

2

청년 일자리의 위기를 어떻게 풀 것인가

대담

김종한(경성대학교 경제금융물류학부 교수, 부산지역인적자원개발위원회 선임위원)

청년 일자리 정책 개발에 참여

김종한 류 교수님은 그동안 전공 분야뿐만 아니라 교육부와 고용노동부 등 중앙부처에서 다양한 정책 수행 경력을 가지고 계시더군요. 오늘은 그 가운데에도 특히 청년 고용, 청년 일자리 분야에서 그간의 대표적인 활동 경험들을 간단하게 말씀해 주시지요.

류장수 제가 짧지 않은 기간 동안 전공으로 일자리 분야, 특히 청년 일자리에 초점을 맞춰서 연구했지만 부족한 부분도 적지 않습니다. 저는 경제학을 공부하면서 두 가지 세부 전공에 초점을 맞추고 연구해왔습니다. 노동경제학과 교육경제학입니다. 이론과 실증적인 연구를 통해서 논문을 쓰는 것도 의미 있지만, 여기에서 더 나아가 이를 정책화하는 데에도 관심이 많았어요. 그래서 정책 분야에서 기회가 생기면 큰 부담이 없을 때에는 적극 참여했습니다.

오늘 주제인 청년에 초점을 맞춰서 했던 대표적인 활동 몇 가지를 말씀드릴게요. 먼저 고용노동부 청년고용촉진특별위원회라는 법정기구에서 위원으로 몇 년간 활동을 하면서 청년 고용 정책 개발에 참여한 적이 있어요. 그리고 교육부와 관련해서는 역시 법정기구인 '지방대학 및 지역균형인재육성지원협의회'에서 위원으로 있으면서 지역 청년들에 초점을 맞춰 활동해왔습니다.

또 제가 의미를 많이 두고 말씀드리고 싶은 것은 '청년고용포럼'이라는 연구회 성격의 모임입니다. 이것은 법에서 정해진 위원회는 아니지만 구성 자체가 의미가 있었죠. 저로서는 상당히 심혈을 기울여 활동했는데 대학 교수들, 국책 연구소와 민간 연구소 전문가들, 고용노동부 공무원 등 청년 고용과 관련된 전문가 25명을 내외로 해서 2015년에 이 포럼을 만들었습니다. 제가 위원장을 맡아 고용노동부에서 정책이 만들어지기 전에 저희들과 토론해서 수정하기도 하고, 연구자들이 직접 정책이 필요하다고 해서 정책화되는 부분도 있었지요. 이런 활동들이 학교에 있으면서 나름 의미 있게 참여했던 일로서 저에게는 매우 유익한 경험들입니다.

김종한 청년 부분과 관련해서 특히 고용노동부를 포함한 여러 법정기구에서 다양한 활동을 하셨군요. 그런데 이런 활동을 하시기 전에 연구자로서도 또 여러 가지 일들을 해오셨죠? 본격적인 좌담에 앞서 언뜻 떠오르는 생각인데 노동경제학이나 고용 쪽으로 전공을 하시게 된 이유 혹은 계기에 대해 간단하게 듣고 싶습니다.

류장수 제가 1980년에 대학에 들어가고 1984년에 대학원에 들어갔습니다. 학부 때 여러 공부를 해왔지만, 경제학에서 어떤 전공을 하자고 결정하지 않은 상태에서 석사 과정을 들어간 거죠. 운명이라고 할까요. 나중에 제가 지도교수로 모셨던 서울대학교 배무기 교수님이 『노동경제학』[1]이라는 책을 집필하시게 되었습니다. 제가 대학원 합격 후 입학하기 직전에 연락을 주셔서 책을 쓰는데 도와달라고 하셨습니다. 원고 초안이 나오면 정리 정도하는 단순한 지원이죠. 그 작업을 하면서 노동경제학 내용을 처음부터 끝까지 아주 꼼꼼하게 봤어요. 그렇게 하면서 노동경제학이 '경제학을 처음 공부할 때의 생각을 실현할 수 있는 학문'이라는 걸 느꼈고, 전공하게 되었죠.

류장수

노동경제학의 세부 전공으로 임금, 고용, 노사관계가 있는데 저는 거기서 고용 쪽을 선택했습니다. 고용 분야는 그 당시에 크게 부각이 되지 않았습니다. 1980년대 중반은 동맹파업이 발생하는 등 노사관계가 중요했던 시기였고, 1987년 민주화투쟁과 연결해서 노동운동이 활성화된 시기였어요. 고용 문제가 그 당시엔 심각하지 않았어요. 하지만 저는 앞으로 5년, 10년, 20년 뒤에는 노사관계도 여전히 중요하겠지만 고용 문제가 상당히 부각될 것이라고 보고, 이 분야에 대한 전문성을 가질 필요가 있다고 판단하여 전공을 하게 되었습니다.

김종한 말씀을 들어보니까 배무기 교수님의 경우 작고를 하셨습니다만, 우리나라 노동경제학의 사실상 태두라고 해도 과언이 아니죠. 배 교수님이 『노동경제학』을 쓰실 때 원고 검토를 해드린 인연이야말로 오늘날의 노동경제와 고용 분야를 전공하시게 된 중요한 계기가 되었네요.

류장수 솔직히 말씀드려서 그렇습니다. 물론 노동경제학이 추구하는 것과 내용이 저와 안 맞았으면 전공으로 안 했을 겁니다. 저로선 굉장히 의미가 있다고 생각을 해서 계속 공부하게 되었죠.

문재인 대통령이 추천한 책 『한국의 청년 고용』

김종한 대학원 때 운명적인 계기로 고용 문제나 노동 문제에 관심을 갖게 되셨고 연구를 해오시면서, 시대적으로 청년 문제가 부각되는 과정에서 정책적으로 다양한 역할을 하셨네요. 그 결과 중에 하나가 저도 잘 아는 『한국의 청년 고용』 1, 2권[2]인데, 이 책은 청년 고용과 관련하여 여러 가지 내용을 총망라한 책인 것 같습니다. 현 단계 우리나라 청년 고용 관련 이슈와 대책을 잘 정리한 좋은 책인데 대표 집필을 하셨죠. 문 대통령이 후보 직전 추석에 읽은 책이라는 보도를 매스컴에서 본 기억이 납니다. 그 책에 대해서 간단히 말씀해주시겠습니까?

류장수 청년고용포럼을 만든 게 2015년쯤인데, 이때 매달 2회 정도 격주로 모여서 청년 고용에 관해 정책 토론, 이론 검증 등을 했어요. 그러면서 1년이 마무리되는 시점에 이렇게 심혈을 기울여서 준비하고 토론한 결과를 공유할 필요가 있다고 생각해서 책을 내기로 결정했죠. 출판을 하기로 결정한 후 적어도 우리나라 청년 고용 문제를 생각할 때 포함해야 하는 세부 주제 리스트를 만들었는데, 1년 동안 적지 않은 주제를 다루었지만 빠진 부분도 있더군요. 그래서 빠진 주제에 대해서는 그 분야 전문가에게 부탁을 드려서 채운 후 책이 완성되었습니다.

사회과학 책으론 제법 주목을 받았던 것 같습니다. 지금 청년 문제가 심각하다고 이야기하지만 그때 이미 굉장히 심각한 상황이었거든요. 심각한 상황인 만큼 청년 고용에 관한 우려가 많아서 그랬겠지만, 저도 책을 내고 반응이 괜찮다는 것을 느꼈습니다. 당시 대표적인 인터넷서점 사이트에서 사회과학 분야 상위권에 있었어요.

어느 날 누가 기사를 보내왔는데 당시 문재인 전 대표가 추석에 읽은 다섯 권의 책에 바로 『한국의 청년 고용』이 들어가 있더군요. 그분이 워낙 책을 좋아하시고 중요한 시점이라 그분이 읽으신 책이 기사화되곤 했지요. 다섯 권의 책에 서울대 공대 교수들이 집필한 『축적의 길』[3], 김현철 전 경제보좌관이 집필한 『어떻게 돌파할 것인가』[4] 등이 있었는데 상당히 전문적인 책을 읽으신다는 생각이 들었습니다. 청년고용포럼은 이후에도 계속 했기 때문에 1년 후에 2권을 쓰게 되었죠. 앞으로 3권이 나올지 모르겠지만 포럼은 계속 진행되고 있습니다. 제가 몇 가지 사정 때문에 위원장을 그만두면서 책을 내는 것은 잠시 멈춘 상황입니다.

여전히 좋지 않은 청년 일자리 상황

김종한 두 권의 책을 보면 첫 부분을 류 교수님이 쓰셨는데 제목이 마음에 들었습니다. 1권은 '청년에게 더 좋은 일자리, 더 많은 일자리를 지향하며'였고, 2권은 제목 그대로 하면서 시즌 2라고 적으셨더군요. 청년들에게 더 좋은 일자리, 더 많은 일자리가 제공되어야 하는데 그런 부분들을 전체적으로 정리해서 엮었다는 것은 우리나라 청년 고용 영역에서 학술적으로도, 정책적으로도 의의가 있다고 생각합니다. 이를 전제로 해서 조금 더 구체적인 질문들을 이어나가 보겠습니다.

IMF 이후부터 우리나라에서 실업 문제가 중요한 문제로 등장했는데 일시적인 문제가 아닌 고용 없는 성장의 시대를 맞이하다 보니, 20여 년 가까이 청년 실업 문제가 심각한데 최근에는 더 어려운 측면이 보이는 것 같습니다. 류 교수님이 판단하시는 최근 청년 일자리 상황은 어떤지 현황부터 먼저 말씀해주시겠습니까?

류장수 최근의 청년 일자리 통계를 보면 실업률의 경우에

9~10% 정도 되어 전 연령 실업률의 2.5배에서 3배 정도 높게 나타나는 만큼 상황이 좋지 않습니다. 물론 일자리 영역에서는 실업률보다 고용률이라는 개념이 중요해서 고용률을 봐야 합니다. 작년 경우 경제 상황이 좋지 않고 노동시장 상황이 나빴음에도 불구하고 그나마 다행스러운 것은 청년 부분에 있어서는 고용률이 높아졌다는 점입니다. 그 수치는 일본, 독일에 비하면 문제가 있지만 그나마 최악의 상태에서 청년 일자리 부분에서는 바닥을 벗어나고 있다는 판단도 가능합니다. 그렇지만 여전히 어렵습니다. 우리나라 전체 일자리 부분은 작년 2월부터 많이 나빠지는 것으로 나타나고 있지요. 그런데 그전에도 다른 연령층보다 청년층 고용 상황이 특히 좋지 않아 특단의 대책까지 마련되었습니다.

이번 정부 이전에 청년 고용 문제가 얼마나 심각했는지는 당시 신문과 방송 보도에서도 확인할 수 있어요. 이번 좌담회를 준비하면서 몇 년 전 청년 고용 문제를 주제로 한 KBS 심야토론에 두 번 정도 출연한 기억이 나더군요. 그래서 당시 방송 자료를 찾아보니 KBS 심야토론의 2015년 3월 주제가 '청년 실업률 사상 최고, 대책은 없나', 같은 해 8월에는 '일자리 대토론, 청년의 물음에 답하다'였어요. 그렇게 본다면 지금뿐만 아니라 지난 몇 년 동안 다른 노동시장 상황이 괜찮았을 때도 청년 일자리의 상황은 굉장히 안 좋았습니다. 그리고 작년 1월, 청와대에서 대통령이 주관하는 '청년 일자리 대책회의'를 하기도 했지요. 그 정도로 청년 상황이 상당히 안 좋은 게 지속되고 있고 작년에 약간 개선된 면은 다행스럽지만, 여전히 좋지 않은 상황이 지속되고 있다고 볼 수 있습니다.

김종한 대부분의 국가에서 청년 고용 상황이 좋지 않습니다만, 그럼에도 불구하고 우리나라는 청년실업률이 전체 실업률에 비해 2~3배 높은 현상을 보이는 것이 상당 기간 지속되고 있고 최근에는 좀 더 어려워지고 있습니다. 지방의 경우 더 어려운 것 같은데 어떻게 보십니까?

류장수 지방의 경우 고용률, 취업자 수만 가지고 보는 건 적절하지 않을 수도 있습니다. 좋은 일자리가 수도권에 몰려 있기 때문이지요. 이 부분에 있어서 두 가지를 봐야 합니다. 고용률, 실업률도 봐야 하고, 다른 한편으로 좋은 일자리 분포가 어떤지를 봐야 합니다. 좋은 일자리는 수도권에 집중되어 있고 지방에서 괜찮은 일자리(decent job)라고 하면 공무원, 공공기관, 일부 기업 정도에 있어요. 공공기관이 지방으로 많이 이전되었다고 하지만 수도권과 비교하면 여전히 공공기관 수가 적고 대기업 본사는 지방에 거의 없기 때문에 좋은 일자리는 수도권에 몰려 있는 상황입니다. 게다가 지방의 경우에는 원청 기업보다 협력 회사인 하청 기업이 많습니다. 경제 상황이 좋지 않으면 원청 기업이 2차, 3차 협력 업체에 어려움을 전가하기 때문에, 하청 기업들이 집중적으로 몰려 있는 지방에서는 청년들의 일자리가 양과 질에서 더욱 안 좋을 수밖에 없어요.

김종한 그러니까 청년들이 자꾸 떠나게 되는 거죠. 지역의 산업구조, 도시 환경, 좋은 일자리 자체가 잘 만들어지지 않으니까 지역 청년들의 고용 환경은 더욱 열악해지는 상황입니다. 지역에 있으면서 뼈저리게 느끼게 됩니다. 미래에 대해서도 이후에 여쭤보겠습니다만, 그전에 먼저 우리나라가 특히 '공시생'이라고 하는 공무원, 공기업 취업에 청년들 상당수가 치중하고 있어요. 며칠 전에 보니 매스컴에서도 '한국 공무원시험 하버드대 합격보다 어렵다'라고 LA타임스(2019.2.6.)에 실렸다는 외신 기사가 나오더라고요. 공시생 문제가 외국에서조차 이렇게까지 관심의 대상이 되는 것은 결코 좋은 현상이 아니라고 보는데, 이 부분에 있어서 어떻게 생각하십니까?

류장수 저도 그 기사를 보았는데 그 정도로 공무원 시험 합격이 매우 어렵다는 거죠. 어느 방송에서 다큐멘터리로 청년 공무원 시험 사관학교라는 곳에 대해 취재하더군요. 폐교를 매입해서 기숙학원이 만들어지는 걸 보면서 세계에서 이런 나라가 있을까 하는 생각이 들었어요. 좋은 일자리인데 경쟁이 치열하니까 그런 기숙학원이 생기는 것 아니겠습니까. 합격하고 싶은 청년은 많은데 합격자 숫자는 적으니까 어느 시험보다 준비를 많이 해야 된다는 거죠.

다큐멘터리를 보면서 생각났던 것 중 한 가지는 '우수 인력이 법조계로 가는 것이 경제 성장에 마이너스 영향을 준다'라는 미국 논문이었어요. 이 논문의 결론은 청년들이 우수한 순서대로 로스쿨에 가서 변호사, 법조계로 진출하는 것은 국가적으로 손실이라는 것이었습니다. 미국에서도 로스쿨에 대한 선호가 높아서 이런 연구가 있었겠죠. 그런 점에서 보면 우수한 인력이 고시를 보고, 성적순대로 줄을 서서 의대로 가는 게 국가 전체적으로는 유익하지 않습니다. 요즘 보세요. 공대보다 의대 입학이 훨씬 인기가 있잖아요. 전국의 모든 의대 정원을 채운 후 서울대 공대로 간다는데 계속 이렇게 된다면 국가의 미래는 어떻게 되나 걱정이 많습니다. 의대나 국가 운영의 주축 역할을 하는 고시 준비에 우수 청년 인력이 진출하는 것엔 동의하지만 지나치다는 점에 문제가 있는 거죠.

또 하나는 그럼에도 불구하고 현재 민간에서 일자리를 만들어내지 못하는 상황에서 정부가 손 놓고 있으면 안 된다는 점입니다. 특히 우리의 공무원, 공공기관 직원 비중은 OECD 국가 평균보다 낮다는 점에서 이 부분에 대한 지원 확대는 여전히 필요합니다. 일시적인 것뿐만 아니라 앞으로도 안전, 소방, 사회복지 부분의 공무원, 공공기관 일자리가 더욱 많아져야 하며, 이런 정책을 부정적으로 봐서는 안 된다는 생각입니다.

저는 강의 첫 시간에 수강생 기록 카드를 만들곤 합니다. 휴대용 메모 카드에 이름, 학교에 대해 원하는 것, 학과에 대해 원하는 것, 과목에서 원하는 것, 향후 진로 등을 기록하게 해서 그 학기 수업 시간에 활용하는데, 예전보다 확연히 공무원 지망생이 많이 늘어났어요. 우리 상식과 맞는 부분이죠. 고용 안정성 부분이 제일 큰 것 같습니다. 요즘처럼 격변하는 사회에서, 대기업에 들어가도 고용이 언제까지 보장될지 모르는 상황에서, 고용 안정성이 이만큼 보장되는 직업이 없지 않느냐는 거죠. 거기에다가 지난 몇 십 년 동안 공무원 연봉이 상당히 현실화되었거든요.

예전 1970년대까지만 해도 공무원 연봉이 많이 낮았는데, 1980년대를 지나면서 임금 인상이 꾸준히 이루어지면서 60세까지 생애소득을 계산해보면 소득도 괜찮고 퇴직 후 연금도 좋고요. 안정적인 일자리를 선호한다고 청년들을 비판해선 안 됩니다. 대기업이 반성할 것은 없느냐, 금융기관이 반성할 것은 없느냐, 민간기업에서 일자리를 많이 만들어야 된다고 이야기하지만 실제 작동하고 있는가 등을 함께 고민해야 합니다. 저는 청년들이 상당히 합리적으로 생각하고 행동한다고 봅니다. 제 입장에서도 이런 상황이면 공무원 취업을 준비할 것 같아요. 하지만 그것이 무조건 바람직한 게 아니라고 생각한다면 방향을 바꾸는 물꼬를 청년들이 트는 게 아니라, 사회가 틀어야 한다고 생각합니다.

김종한 과거에는 젊은이들이 헝그리 정신으로 열심히 하고 대기업에서 모험적인 일들을 했습니다. 요즘 청년들을 보면 취업을 할 때 물론 임금이 제일 중요하지만, '일과 생활의 균형'이라고 하는 워라밸(work and life balance)을 굉장히 중요시 하더라고요. 공무원, 공공기관 이쪽이 '고용 안정성 + 워라밸'까지 가지고 있다고 보는 거겠죠. 물론 공무원들도 늦게까지 일하는 경우도 있지만요. 이렇듯 청년들이 워라밸을 선호하는 기조를 과거의 잣대로 헝그리 정신이 없다는 말이 많은데, 이에 대해서는 교수님은 다르게 보신다는 거죠?

류장수 조금 전에 미처 말씀을 못 드렸는데, 저는 워라밸이 고용안정성에 버금갈 정도로 중요한 부분이라고 봅니다. 어느 정도 소득이 되면 정시에 출근하고 정시에 퇴근하고, 휴가를 충분히 갖는 걸 청년들이 특히 선호합니다. 이런 것이 공무원만큼 보장되는 직장이 없거든요. 그것은 중요한 매력인 것 같습니다. 대기업 연봉이 높음에도 불구하고 미혼 청년들이 데이트할 시간도 없다고 하잖아요. 해 뜨기 전에 집을 나와서 너무 늦은 시간에 퇴근을 하니까요. 연봉을 많이 받는 것도 중요하지만 연봉은 좀 적게 받더라도 정상적으로 직장 생활을 하는 것을 원하고 있어요.

나중에 대책 부분에서도 이야기할 기회가 있을지 모르겠지만, 저하고 배규식 한국노동연구원 원장님이 동의하는 게 대기업 신입 사원의 일자리 나누기 부분입니다. 대기업이 신입 사원을 두 명 채용할 걸 세 명 채용하고, 대신 임금을 조금 낮추는 방식이죠. 일본과 비교하면 우리 대기업 신입 사원 초봉이 많이 높습니다. 워라밸을 중시하는 청년들에게 이전의 초봉보다는 낮게 주면서 추가 고용하는 방식으로 일자리 나누기를 하면 모두 다 좋아지는 게 아니냐는 생각을 합니다. 그걸 실현하려면 물론 검토할 게 있겠지만 결코 불가능한 건 아니라고 봅니다.

그 정도로 청년들이 개인 생활도 원하고 있거든요. 그 부분을 우리가 인정하고 사회 시스템, 경제 시스템, 노동시장 시스템을 바꾸는 것이 우리의 또 다른 과제가 아닌가 싶습니다.

김종한 지금까지 청년 일자리의 현황, 청년들의 삶에 대해서 이야기를 해봤습니다. 연구자로서 청년 일자리가 왜 부족한지, IMF 이후부터 청년 일자리가 어려워지고 현재 상황에 이르는 점을 논의해봤으면 합니다. 수요 요인도 있고 공급 요인도 있을 텐데 이 부분에서 교수님이 생각하시기에, 우리나라에서 청년 일자리가 부족하게 된 원인을 다양한 측면에서 말씀해주시겠습니까?

류장수 우선 크게 본다면 경제학에서 노동 수요, 일자리 부분이라는 것은 결국 경제 상황에 의존합니다. 한국은 고도경제 성장 시기를 지나 선진국형으로 가고 있기 때문에 3% 이상 성장은 앞으로 매우 어려울 것이라고 봅니다. 한국만 그런 게 아니라 GDP 3만 달러가 넘는 나라들을 보면 3% 이상 성장하기가 굉장히 어렵습니다. 성장률 자체가 높지 않은 상태다 보니 일자리 증가는 제약을 받을 수밖에 없지요. 이건 최근뿐만이 아니라 이미 몇 년 전부터 일어났던 일입니다.

또 하나는 10억 원을 생산하는데 몇 사람의 노동자가 필요하냐 하는 취업계수를 보면 계속 떨어지잖습니까. 성장률이 낮은데다가 성장률이 1% 증가할 때 일자리가 늘어나는 비율 자체도 떨어지거든요. 두 가지 악재가 같이 존재하고 있는 거죠. 설상가상으로 최근 몇 년간 더 나쁜 건 노동시장에 처음 진입하는 연령층이라 할 수 있는 25~29세 연령층이 늘어나고 있다는 점입니다. 대학진학률이 높고 남성의 경우 군 입대 기간도 있어서 우리는 25~29세 사이 연령층에서 노동시장에 처음 진입한다고 볼 수 있습니다. 그런데 청년층 인구 구조를 보면 15~24세 인구는 줄어들고 있는데 25~29세 인구는 오히려 늘어나고 있어요. 이게 독특한 겁니다. 베이비부머 세대의 자녀들인 에코세대인데, 25~29세 인구는 2015년부터 증가해서 2021년에 피크에 도달합니다.

청년 일자리 측면에서는 이러한 인구 구조의 형태가 엄청난 악재입니다. 2020년에서 2030년 사이에 청년층 인구가 한국에서 200만 명이 줄어듭니다. 늦어도 2030년에 이르면 지금 일본처럼 청년 인력을 구하기가 쉽지 않다는 이야기가 나올 가능성이 높습니다. 일본도 예전에 우리처럼 노동시장 진입 연령층 청년들이 증가하다가 일정 기간에 수백만 명이 줄어들면서 좋지 않았던 청년 일자리 문제가 해결된 요인이 청년 인구 감소에 기인한다는 분석이 많거든요.

한국 정부도 인구 구조 변화를 가지고 현재보다 낙관적인 전망을 내놓고 싶어도 그럴 경우 정부의 무책임한 변명이라는 비판에 직면할 수 있어 조심하는 것 같아요. 실제로 한 번씩 정부가 인구 구조 변화에서 청년 일자리 어려움과 소득 분배 악화 원인의 일부를 찾으려고 하면 그때마다 공격을 받더군요. 그렇지만 인구 구조의 변화는 청년 일자리는 물론이고 전체 일자리와 소득 분배 악화에 미치는 영향이 적지 않습니다. 어려움의 원인을 지나치게 인구 구조 변화로 돌리는 것도 문제지만, 그것을 변명으로만 치부하는 것도 큰 문제입니다. 원인은 원인대로 정확히 분석해야 대안을 제대로 만들 수 있어요.

김종한 한일 간에 청년이 부족하기 시작하는 시점은 10년 정도 차이가 나는 것 같습니다. 단카이 세대와 베이비부머 세대가 10년 차이가 나는데 그게 그대로 나타나는 것 같습니다.

류장수 인구 구조상에서도 그렇고 경제 상황도 안 좋은 것이 결합되면서 청년들이 고실업 상황에 있지 않나 생각합니다.

수도권으로 떠나는 지역의 우수 인재들

김종한 수요에 있어서는 기업의 수요 자체가 자동화, 고도성장 과정에서 고용 없는 성장이 이루어지면서 청년에 대한 수요가 매우 줄었고, 공급에서는 근본적으로 노동 공급의 기본 요소인 인구 자체의 문제가 결합이 되어서 악재라고 생각하시는 거군요.

우리나라 청년을 15~29세로 보는데, 군대 문제도 있고 복잡하잖아요. 대학진학률이 높은 것도 대졸실업자를 많이 만드는

김종한

원인이고 수요-공급 간 미스매치 문제도 고민해야 될 것 같은데, 그런 원인을 전제로 해놓고 이야기 방향을 잠깐 돌려보겠습니다.

고용 문제를 연구하면 지역 인재들이 유출되는 상황에 대해서 안타까운 부분이 많습니다. 지역의 우수한 인재들이 수도권으로 유출되는 우려스러운 실태에 대해서도 연구하신 걸로 아는데 그 부분에 대해서도 말씀해주시죠.

류장수 경제학을 처음 공부할 때 배운 것 중에 노동량과 자본량에 의해서 생산량이 결정된다는 생산함수라는 게 있지 않습니까. 기본적인 생산함수와 보다 응용적인 생산함수를 활용하면 국가 경제는 물론이고 지역 또한 경제적인 측면에서만 보더라도 사람은 매우 중요합니다. 노동의 양과 함께 질도 문제가 됩니다. 이것이 문제가 되는 지역이라면 그 지역은 발전할 수 없어요. 사람이 빠져나가 지역을 발전시킬 수 있는 역량을 가진 인력이 부족한데 지역이 어떻게 발전되겠습니까.

그런데 우리처럼 지역 인재들이 수도권이라는 블랙홀로 빨려 들어가는 나라는 찾기 어렵습니다. 일본도 동경 일극주의라는 용어가 있을 정도로 동경 중심의 발전이 회자되지만 우리만큼은 아니지요. 우리는 오래전부터 청년들이 지역을 빠져나가고 있다는 것을 알고 있어요. 김 교수님을 포함해서 박성익 교수님, 조장식 교수님과 이 부분을 데이터로 분석한 적이 몇 번 있었죠. 그전에도 지역 인재 유출에 대한 연구들이 있었지만 데이터의 한계로 분석에 어려움이 있었지요. 그러다가 몇 년 전에 우리 연구진이 지역 인재 유출을 계량화할 수 있는 데이터를 찾아 분석했고, 그 결과를 보고 저희도 굉장히 놀랐던 기억이 납니다.

지역의 인재들이 우수한 순서대로 수도권으로 엄청나게 빠져나가는 것은 지역 발전 측면에서도 지역 청년 입장에서도 안 좋거든요. 고향을 떠나 수도권으로 가면 생활비가 많이 들죠. 부모와 떨어졌을 때 처음에는 자유로울지 모르겠지만 곧 불편한 생활로 힘들게 되죠. 또 지역의 돈이 수도권으로 가는 거잖습니까. 그런데 이런 이야기를 수도권에 가서 하면 별 반응이 없어요. 그래서 저는 몇 년 전부터는 '이분들도 동의를 할 수 있는 논리가 필요하겠구나, 이분들도 이 상황이 지속되면 어렵다는 걸 알게 해줘야겠구나'라는 생각을 했습니다.

작년에 국회에서 개최되었던 교육 관련 토론회 때가 기억납니다. 그날 서울에는 미세먼지가 너무 심했고, 부산 공기는 깨끗했어요. 그래서 다음과 같은 얘기로 토론을 시작했어요. 미세먼지를 보라고, 수도권에서 사는 게 좋은 것이냐고요. 지역에서 사람, 자본이 수도권으로 대거 이동해서 서울은 거대도시가 되어 좋을지 모르겠지만 그로 인해 집값 문제와 교통 문제 등 거대도시 문제를 안고 있지 않느냐고요. 이러한 상황은 더욱 악화될 것이라고 얘기해도 별 반응이 없었는데, 미세먼지 이야기를 하니까 이해를 하는 거예요. 저는 이런 얘기를 많이 해왔습니다. 지방에서 우수한 학생이 수도권에 가니까 수도권에서 낮은 성적을 받은 학생들은 어디로 가는지 분석해보니 충청, 강원권으로 가더군요. 그 성적으로는 수도권 대학에 가기 어려우니까 비자발적으로 집을 떠나는 거지요. 이 학생들도 불행한 것 아닌가요. 이런 상황에서 어떻게 수도권도 현재 상황에 만족할 수 있겠느냐고, 그러니 모두 합심해서 지역 인재 유출을 막고 전국이 골고루 행복하게 잘 사는 사회를 만들어보자고 얘기해왔어요. 그런데 그 얘기보다는 미세먼지 부분에서 더 많이 공감하더군요. 지역의 인재 유출로 인해 경제, 사회, 문화 문제들이 무수히 발생하고 있는데도 말입니다.

김종한 지역 문제나 고용 문제를 포함해서 보면 중앙에 계신 분들은 진보적인 연구자들조차도 지역 문제를 의외로 정말 모르더라고요. 물어보면 꼭 그렇게 생각할 이유가 있느냐고 하는데 그런 전문가와 정책자들은 지역에 와서 살아보고 해야 하는데 말이죠.

류장수 국가 경제 입장에서도 안 좋아요. 그런데도 국가 정책 일을 하는 분들이 이해를 못하고 안 찾으니까 그분들도 이해하고, 수도권에 사는 분들도 이해할 수 있는 걸 지역에 사는 우리가 찾아야 하잖아요. 그래서 찾은 것 중 하나가 국가균형발전 전략입니다. 저개발 시대에는 한쪽을 집중 발전시켜서 국가 전체를 끌어나간다는 국가불균형발전 전략이 필요하겠죠. 하지만 지금의 우리나라 경제 규모로 보면 한 지역이 한국 전체를 이끌어갈 수 없고 골고루 발전해서 시너지를 발휘하는 것이 비용이 적게 들면서 편익이 높습니다. 이런 점에서 이번 정부가 노무현 정부 때의 국가균형발전 전략을 다시 추진하고 있는 것은 다행입니다. 이 전략은 지역뿐만 아니라 수도권, 더 나아가서 국가 전체적으로도 필요하다고 봅니다.

'트리플-윈 사업', 교육부 정책 사업으로 채택

김종한 인재도 그냥 인재가 아닌 청년 인재죠. 우리나라뿐만 아니라 세계 공통 현상인데 앞으로 어느 지역의 도시가 살아남는가는 그 지역에 젊은 인재가 모여 있느냐에 달려 있잖아요. 그러려면 그 인재들이 머물 수 있는 환경과 일자리가 존재해야 하는데 우리나라는 인재가 너무 많이 수도권으로 유출되고 그에 따른 부작용이 많죠. 이런 것들을 해결하는 차원에서 류 교수님이 좋은 아이디어를 내신 걸로 알고 있습니다. '트리플 - 윈(triple-win) 연계협력형 지역선도대학 모형'을 내셔서 시범사업이 이루어진 것으로 아는데 그 부분에 대해서 설명해주십시오.

류장수 사회과학 연구자가 논문을 쓰고 제안하는 걸로만 그치는 건 의미 없다고 처음에 말씀드렸지요. 그런데 이런 정책 연구는 혼자 할 수는 없고 관심을 같이 두는 연구자들이 공동으로 하는 것이 필수적입니다. 그런 점에서 부산은 그런 연구자들이 있어 다행이었고, 말씀하신 정책도 함께 고민하고 만든 것이라고 생각합니다.

저는 이쪽 영역과 관련해서 두 가지를 많이 이야기해왔습니다. 하나가 2000년대 초반, 대략 2001년과 2002년에 주로 이야기했던 것인데, 공공기관을 지방으로 이전해야 한다는 것이었어요. 지역 청년이 이동하는 것은 좋은 일자리가 지역에 너무나 부족하기 때문이죠. 시장 메커니즘으로는 이것을 해결할 수 없지 않느냐, 그러니까 정부가 국가균형발전이 필요하고 지역 발전이 필요하다고 인식한다면 지역에 좋은 일자리를 만들어줘야 한다, 새로 만들 상황이 안 된다면 공공기관을 지역으로 이전해야 한다고 이야기한 게 2002년 말이었어요. 대통령 자문기구인 교육인적자원정책위원회 전문위원으로 있을 때 '지역인적자원개발체제의 구축 및 발전방안'이라는 자료를 만들었는데, 당시 김대중 대통령이 주관하는 청와대 회의에서 보고되었지요. 공공기관이 어떤 지역으로 이전하면 관련 업체도 같이 이전할 수 있다는 등 다양한 근거를 넣어서 보고되었고 이견 없이 잘 끝났어요. 2002년은 김대중 정부 마지막 연도였고 보고 시점도 연말이라 대통령으로서 좋은 정책이라고 생각하더라도 정책화되기 어려운 상황이었죠. 그런데 한 달 뒤인가 차기 대통령 후보 토론회를 하는데 그 이야기가 나오더라고요. 그리고 며칠 뒤 신문을 보니 노무현 후보가 공공기관의 지방 이전을 핵심으로 한 국가균형발전 정책을 공약으로 내놓은 기사가 일면 톱으로 실려 있는 걸 가판대에서 봤습니다. 저로선 흥분되는 일이 아닐 수 없었어요. 지난 1년 동안 부산과 서울을 오가면서 고생한 보상을 받은 기분이었습니다. 물론 저 혼자의 생각은 아니지만 그 생각을 가진 분들이 정책화했구나 싶더군요. 어떻게 해서라도 이 정책은 계속되어야 한다고 생각합니다.

그 다음은 이전해 오더라도 우리가 생각하는 만큼 이전한 공공기관 직원들이 내려와서 살지도 않고 이전한 지역 사람들을 뽑지 않을 수도 있습니다. 실제로 기관장들이 어디에 주로 있는지 보면 놀라울 겁니다. 이전한 지역에 있는 시간이 많지 않아요. 대부분 시간은 집이 있는 서울에서 보내고 있다고 해도 과언이 아닐 겁니다. 그리고 직원을 채용할 때도 우수한 학생들이 고등학교, 대학교를 졸업하고 수도권으로 간 상태에서 당장은 지방대 졸업생들에게 호감을 별로 가지고 있지 않아요. 이전한 지역대학의 졸업생을 채용하고 싶어도 실력이 안 된다고 합니다. 저는 그동안 이전한 공공기관들이 이전한 지역 인재들을 일정 비율로 채용하도록 해야 한다고 주장을 해왔죠. 그런데 무조건 강제만 해서는 곤란합니다. '지역에 내려왔으니 지역 사람을 어느 정도는 채용해야 한다'라고 의무화하더라도 예전보다는 지역 인재를 약간 더 채용할 순 있겠지만 규모나 지속성에서 불안합니다. 그래서 지역에 이전한 공공기관에게도 좋은 게 뭐가 있을까 생각을 해봤습니다. 이전한 공공기관에서 '좋은 사람을 채용하고 싶지만 이미 지역의 우수 인력 대부분이 수도권 대학으로 진학한 상황에서, 지역대학 출신자 중엔 그런 사람이 너무 부족한데 어떻게 더 채용합니까'라는 이야기가 나오니까요. 제가 제안한 것은 한편으로 지역 인재 채용목표제를 하면서, 고등학교를 졸업하고 대학을 수도권으로 가지 않고 지역대학에 입학한 학생들에게 이전한 공공기관에 취업할 수 있도록 하는 메커니즘을 만드는 것이었습니다.

노사관계에서 많이 이야기하는 윈-윈을 응용해서 지방대학에 입학하는 학생들에게 공공기관에 갈 수 있는 맞춤교육을 실시해서 공공기관과 이에 적합한 청년들을 연결하는 '트리플-윈 사업'을 제안하게 되었습니다. 지역 인재-지방대학-이전 공공기관 3자가 윈-윈-윈 하는 프로그램을 만들어 이전 공공기관들이 지역 인재를 더욱 더 많이 채용하도록 하면 지역 발전과 지역 주민의 삶의 질 향상도 이루어지는 거죠. 그렇게 하면 지역의 우수한 학생이 굳이 수도권으로 갈 필요가 없고, 지역대학에서 공부하고 공공기관에 취업하면 고향에서 행복하게 살 수 있는 선순환으로 만들 수가 있다고 생각했어요. 트리플-윈 제도를 처음 이야기한 게 2012년 초였는데 이게 이번에 정책화되어서 작년에 50억, 올해 100억 예산을 확보하게 되었습니다. 정부 자료에서도 트리플-윈 용어를 그대로 쓰고 있더군요. 그 정책이 100억이 아니고 1000억쯤 돼서 원래 취지에 맞도록 기관 이전을 통해서 사람이 떠나지 않고 지역 발전에 기여하고 삶의 만족도를 높이는 정책을 실행해보자는 것이었는데, 예산 규모로서는 아쉬운 점이 많습니다. 이 정책이 제가 자주 말하는 '고향에서 공부하고 일하고 행복하게 사는 사회 만들기'의 출발점이라고 생각합니다. 제가 아이디어를 냈습니다만 그걸 김종한 교수님을 비롯하여 여러 전문가들이 구체화하는 작업을 해주고 계셔서 감사드립니다.

김종한 처음 아이디어를 같이 이야기한 것이 이제 시범사업이 되고 2차 연구 모델 정교화 사업에 제가 책임을 맡으면서 처음에는 긴가민가했던 아이디어가 구체화되는 걸 보니까 지역을 살리는 중요한 매개 원리가 되겠구나 하는 희망을 봅니다. 그렇지 않으면 지역에 공공기관이 와서 섬이 되어버리겠구나 싶었어요. 지금 공공기관장이나 관리자를 만나보면 실제 시험을 치면 차이가 많이 난다고 하거든요. 수도권 학생과 지방 학생들을 보면 차이가 나는데도 목표할당제 때문에 하긴 하는데 기관 입장에선 억울할 수도 있죠. 지역에 공공기관들이 고층 빌딩을 지어 이사 와서 5년, 10년 된다고 정착되는 게 아니잖습니까. 이 제도가 잘 실행되면 그 지역에 있는 인재들이 들어와서 일을 했을 때 융합이 되고 지역에 정착이 될 수 있는 거죠. 그런 면에서 이 정책이 큰 기여를 하지 않았나 싶습니다. 류 교수님이 내신 많은 아이디어와 정책 가운데서도 이 정책은 정말 구체적으로 지역대학-지자체-지역 인재를 동시에 살리는 매우 의미 있는 정책이 아닌가 생각합니다.

류장수 '광주형 일자리' 이야기가 나오고 있지만, 트리플-윈 사업은 저 혼자가 아니라 부산 연구팀이 같이 공부하고 아이디어를 낸 것이기 때문에 '부산형 일자리 사업'이 정책화된 것이라고 봅니다.

김종한 그 점에서 구체적인 정책이었다는 생각을 해봅니다. 다른 주제로 넘어가기 전에 인재 유출 이야기를 하다 보니 지역 인재의 범위 문제가 심각하다고 봅니다. 역차별 이야기도 나오는데 현재는 지역 인재는 지역대학이 기준이더라고요. 역차별 이야기를 보면 '내가 부산에서 중고등학교를 나와서 수도권에 대학 갔다가 공기업에 입사하기 위해 고향으로 왔는데 그 범주에 넣어줘야 하는 것 아니냐'는 논란이 있는데 이건 어떻게 해야겠습니까?

류장수 중요한 것은 지역대학 발전과 연계되어야 한다는 거죠. 이 정책의 문제의식은 지역의 우수 인력 유출을 방지하여 지역대학들이 성장하고 지역대학들이 지역 발전의 핵심적 역할을 해야 한다는 데 있습니다. 이는 국가균형발전법과도 관련되어 있고 제가 참여하고 있는 '지방대학 및 지역균형인재육성협의회'와도 연결되어 있어요. 법과 제도에서 지역 인재 개념을 대학원을 제외한 최종 졸업 학교가 소재한 지역으로 한 것은 바로 이러한 이유 때문입니다.

우리가 처음 연구할 때 중요하다고 본 게 1차 인재 유출을 막자는 거였죠. 지역에서 고등학교를 졸업한 우수한 학생이 수도권 대학으로 가는 걸 막지 않으면 안 된다, 일단 수도권 대학으로 입학하게 되면 졸업하고 지역으로 돌아올 확률이 10% 정도밖에 안 된다는 겁니다. 결국 일단 수도권 지역으로 떠나면 다른 지역 사람이 되고 명절에만 내려온다고 칼럼을 쓴 적이 있어요. 수도권 대학으로 진학한 지역 인재는 지역 발전에 기여하지 못하기 때문에 지역대학과 지역의 발전을 위한 물꼬를 대학 입학 시점 때 트지 않으면 안 된다는 거죠.

김종한 그 논리가 지자체 입장에서는 대학은 잊어버리고, 우리 지역 인재가 수도권에 갔다가 돌아와서 살면 인재들이 많아지니까 좋은 거다 이렇게 되어버리는 거죠. 그래서 서울에 지역 출신 대학생 기숙 시설을 지어주고 하는 게 지자체가 뭔가 잘 모르고 그러는 거죠?

류장수 지역 인재를 보는 시각, 지역대학 발전을 보는 시각의 교정이 필요해 보입니다. 그리고 지역대학 스스로도 본연의 역할을 잘해야겠지요.

김종한 그래서 가장 중요한 것이 지역대학을 살리는 것이고 그에 맞게 지역 인재 채용목표제가 만들어졌고, 실제로 효과가 있는 것 같아요. 들리는 소문에는 강남의 모 고등학교 경우에는 '공기업 가려면 지방대학 가라'고 한다더군요.

류장수 언론기관 간부에게 들은 적이 있어요. 강남에 입시 컨설팅 하는 곳에서 수도권 고등학생들을 대상으로 그런 프로그램을 제안하고 있다고 하더군요. 이 지역에 가면 무슨 공공기관이 있고 하는 것들 말이지요.

김종한 그게 어떻게 보면 효과라고 할 수 있겠네요.

류장수 앞으로 지역 학생들이 고민을 많이 할 겁니다. 고향을 떠나 수도권 대학에 가서 돈도 많이 들고 타지에서 고생도 많이 하면서 좋은 일자리를 얻는 게 좋을지, 고향에서 대학을 마치고 공공기관에 합격하는 게 좋을지 고민스럽겠지요. 시간이 지나면서 지역의 우수 인재가 지역대학에 입학하는 것이 더 낫다고 생각하는 청년들이 늘어날 가능성이 높아질 겁니다. 민간기업의 좋은 일자리도 지역에 많이 늘어나면 그 효과는 더욱 높아지겠지만 그 부분은 정부가 개입하기는 쉽지 않습니다.

김종한 중요한 말씀이십니다. 실질적으로 채용목표제가 지역대학과 지역 인재와 지역 발전을 동시에 이루어지게 해야 한다는 것이죠. 지금까지 교수님이 청년 고용 부분을 하시게 된 계기와 현황, 구조, 원인, 인재 유출까지 여러 측면을 이야기했습니다.

청년 일자리 확대를 위한 대학의 역할

김종한 지금부터는 대책을 찾는 쪽으로 질의를 해보고자 합니다. 청년 일자리는 기업이 만들지만 청년 일자리가 제대로 되도록 청년을 육성하는 기관은 대학인 것 같습니다. 대학의 역할과 관련해서 한두 가지 질문을 드리겠습니다. 앞에서도 이야기했듯이 우리나라가 대학진학률이 너무 높아서 청년 일자리와 관련해서 대학 역할이 주목을 받을 수밖에 없는데, 대학은 청년 일자리 확대를 위해서 어떤 역할을 가장 중요하게 해야 하는지 듣고 싶습니다.

류장수 지역에서 일자리를 만드는 데 있어서 대학은 예전부터 연구력을 통해 또는 산학협력을 통해서 중요한 역할을 수행해왔습니다. 적어도 대학이 한국 전체에서 일자리 창출에 있어서 의미 있는 기능을 해왔고 앞으로도 해야 된다고 생각합니다. 한 가지 강조하고 싶은 것은 노동시장 상황에 따라 대학의 취업 지원 기능에 차이가 있다는 점입니다. 김 교수님이나 제가 대학 다닐 때는 일자리 질의 차이가 있긴 했지만 웬만한 대학을 졸업하면 대부분 취업이 되지 않았습니까. 그럴 때는 대학이 나서서 학생들을 일자리로 연결할 필요가 없었지만, 지금은 일자리 상황이 좋지 않아 대학들이 그런 기능을 하지 않을 수 없을 겁니다. 국가가 청년 일자리 정책에 깊게 관여해야 하는 필요성이 있듯이 대학도 그런 역할을 해야 하는 시점에 와 있다고 봅니다. 그래서 한편에서는 대학교육을 통해 학생의 기본 역량을 잘 키워서 직장을 얻는 데 도움이 되도록 하는 것이 필요하고, 다른 한편에서는 취업 관련 정보 제공을 포함해 직접적으로 취업을 지원하는 것도 필요합니다.

대학생의 경우에는 자기와 맞는 일자리가 어디 있는지에 관한 정보가 부족한 것이 현실입니다. 아시다시피 고용노동부가 운영하는 워크넷도 있고 고용센터에 가면 상담 창구가 있지만 대학생들이 거기에 잘 가지 않거든요. 이런 상황에서 결국 대학이 일정 부분 역할을 해줘야 한다고 생각합니다.

몇 년 전부터 정부 정책으로 대학 캠퍼스 안에 대학일자리센터가 만들어졌죠. 기대만큼 활용도는 높지 않은 것 같습니다. 학생들이 거기에 가면 일자리 정보를 충분히 얻을 수 있다고 생각하지 않는 것 같아요. 대학들이 인력 양성을 통해서 일자리에 적합한 교육을 해야 하는 것과 함께 정보 미스매치로 일자리를 얻지 못하는 청년에게 보다 중요한 역할을 수행해야 합니다. 어쨌든 지금과 같이 청년 고용 사정이 좋지 않은 시기에는 미스매치 해소 등 직접적인 취업 지원 기능을 대학들이 하지 않을 수 없을 겁니다. 물론 대학 본연의 기능은 여전히 중요하고요.

김종한 과거에는 대부분 대학생들이 졸업만 해도 취업이 되었는데 요즘은 그렇지 못해 대학들이 취업을 위해 많은 노력을 하는 것 같습니다. 그런데 미스매치 해결과 직접적인 일자리 창출을 위해 다양한 대학 일자리 사업들이 이루어지고 있지만 뭔가 부족한 느낌이 들어요. 아직은 대학이 취업 미스매치 문제에 제대로 대응하지 못하는 문제와 관련하여 류 교수님도 대학에 계신 입장에서 역할이 좀 더 강화되어야 한다고 느끼실 텐데, 대학 본부에 계시면서 어떤 생각을 하셨는지 듣고 싶습니다.

류장수 저는 대학이 취업과 관련해서 할 수 있는 역할과 성과는 제한적이라고 봅니다. 일자리 상황은 대학의 노력보다는 경제 상황에 의해 좌우되기 때문에 대학이 취업을 위해 아무리 노력해도 한계는 분명합니다. 경제성장률이 낮고 수요-공급 미스매치가 심하면 대학이 아무리 노력해도 일부 개별 대학의 취업률은 높아지겠지만 대졸자 전체 취업률이 높아질 가능성은 희박하거든요.

제한된 범위라고 하지만 현재와 같이 청년 일자리 상황이 좋지 않을 때는 대학이 취업 지원 기능을 수행하는 것은 필요합니다. 우선 수요-공급 미스매치 부분에서 일정 정도 역할을 수행할 수 있고 창업 지원 등 새로운 일자리를 일부라도 만들 수 있어요. 그리고 취업이 어렵게 되면서 심리적으로 힘든 청년들을 위해 컨설팅도 해야 하고요. 지금과 같이 상황이 좋지 않을 경우에는 대학이 취업과 관련된 노력이나 투자를 더 해야 한다고 봅니다. 실업자에게 고용센터가 하는 역할을 학생들에게 대학이 해야겠지요. 그 부분에 있어서 정부 지원이 필요하고요.

교과목 관련해서도 논란이 있습니다만 일정 부분은 취업과 관련된 기초적인 교과목, 전반적으로 기업에서 요구하는 역량, 소양 영역을 담은 과목이 있어야 할 것 같고요. 그런데 과목의 비중은 어느 정도 제한적이어야 합니다. 어디까지나 전공 공부를 제대로 하게 하면서 동시에 취업 역량을 키워줄 필요가 있어요. 그리고 일과 학습을 병행할 수 있어야 합니다. 학교에 다니면서 일을 경험할 수 있는 체계 마련이 쉽지는 않지만 대학, 산업체, 지자체가 함께 노력하면 가능하겠지요.

김종한 매우 중요한 지적을 해주셨습니다. 그 가운데 제가 하나 덧붙여서 말씀드리면, 우리는 청년들이 대단한 기술을 많이 가지고 있으면 취업에 유리하다고 알고 있지 않습니까. 그런데 기업체 대표나 채용 담당자를 만나보면 첫째로 보는 게 '인성'이더라고요. 대학이 취업 관련 교과목을 제한적으로 해야 한다고 보는 것에 전적으로 공감하는데, 채용할 때 인재를 보는 것이 물론 기초적인 걸 못한다는 건 안 되지만 인성을 갖추지 않은 사람은 아무리 똑똑해도 뽑을 이유가 없다는 거죠. 물론 가정 교육부터 필요하겠지만 대학에서 젊은이들에 대한 인성 교육이 병행되어야 한다고 많이 이야기하거든요. 그래서 방금 말씀하신 것처럼 학생들의 능력 개발과 일자리 정보 미스매치를 해결해주는 것과 동시에 인성 교육 부분도 취업을 떠나서 대학의 중요한 역할이라고 봅니다.

기업이 대학에 투자해야 하는 이유

류장수 기업 말씀을 하시니까 하나만 더 추가하고 싶네요. 청년들이 학교를 졸업하면 가장 많이 취업하는 곳이 기업이지 않습니까? 그런데 기업들이 이런 얘기를 자주 해요. 대학 졸업자를 기업에서 쓸만한 직원으로 만드는 데 상당한 비용이 들었다, 1년 이상 기업에서 교육해야 겨우 쓸만하다고 하는데 저는 그런 얘기가 나올 때마다 기업이 무책임하다는 생각이 들었습니다. 자신들이 쓸 인력이라면 졸업한 인력부터 그냥 활용하는 게 아니라 대학이 교육할 때부터 함께 투자할 필요가 있지 않습니까. 기업과 단체들은 인력 활용뿐만 아니라 인력 양성에 있어서도 일부분 책무성을 가질 필요가 있어요. 학교 교육의 일정 부분에 대해 기업도 공동 책임을 진다는 생각을 할 필요가 있습니다. 외국에서 이런 인식을 많이 볼 수 있는데 대표적으로 독일의 경우 현장교육 시스템이 잘 작동합니다. '이 교육 시스템으로 양성한 인력은 내가 사용하지 않더라도 독일 공동체가 쓰기 때문에 잘 키우자'라는 인식은 독일을 강력하게 만드는 원동력 중 하나입니다. 우리는 '교육이 잘못됐다, 왜 이 젊은이는 인성과 기술에 문제가 있지?' 이런 이야기가 많이 나오는데 이 부분은 인식 전환이 필요하다고 봅니다.

김종한 기업에서 인성과 기술을 요구만 할 것이 아니라 같이 공동 책임을 질 필요가 있다는 말씀이시군요. 예전에는 기업에서 장학금도 많이 줬는데 요즘은 외부장학금이 많지 않고 그조차 몇 개 대학에 집중되어 있죠. 앞으로 조금 확대해서 공공기관도 자신들이 좋은 인재를 뽑으려고 한다면 대학과의 협력, 기금 이런 것들을 같이 해야 한다고 봅니다. 그러면 훨씬 더 빨리 지역대학과 함께 지역 인재를 육성하는 데 도움이 될 것 같습니다.

류장수 제가 그런 생각을 글로 썼습니다만, 영국 프리미어리그 축구 계약 내용을 보고 놀랐던 적이 있었어요. 프리미어리그에서 이적료의 5%를 그 선수를 키운 학교나 구단에 나눠준다고 하더군요. 손흥민 선수가 레버쿠젠에서 토트넘 핫스퍼로 이적할 때 이적료 3천만 유로, 당시 한화로 약 400억 원의 5%인 약 20억 원을 손흥민 선수가 12~23세 사이에 선수로 뛰었던 학교와 클럽 팀에 나눠줬다는 기사를 봤습니다. 맨체스터 유나이티드의 루니 선수 경우에는 그 돈으로 고향 학교 축구부를 운영한다는 기사도 있었고요. 이른바 연대기여금인데, 이 선수를 지금의 선수로 만든 것은 이전부터 같이 노력한 결과니까 성과를 함께 나누자는 의미도 있고, 후진양성에 투자하자는 의미도 있는 거죠. 그게 축구의 이적 시장에서도 있는데 우리 기업은 인력 양성이라는 책무성이 부족하지 않나 싶습니다.

4차 산업혁명 시대에 더 중요해지는 대학의 역할

김종한 청년 일자리, 특히 대학의 역할 부분을 이야기했는데요. 마지막으로 대학의 역할과 관련해서 미래 이야기를 해보면 4차 산업혁명이 진행 중인 상황에서 인재 양성의 핵심 기관인 대학이 중요해지고 있습니다. 인재를 양성해야 하는 대학이 4차 산업혁명에 어느 정도 대응을 하고 있다고 보시는지, 어떤 변화가 필요하다고 보시는지 말씀 부탁드립니다.

류장수 저는 4차 산업혁명에서 중요한 역할을 해야 하는 기관으로 기업도 있지만 더 중요한 게 대학이라고 생각합니다. 이론적으로 배운 것을 숙련하는 건 현장이지만, 새로운 것을 배울 땐 현장에서 벗어나 공식적인 교육훈련기관으로 가야 합니다. 공식적인 교육훈련기관으로 가장 대표적인 곳이 대학입니다. 경제학에서 중요한 이론으로 전환점 이론, 즉 터닝포인트(turning point) 이론이 있지 않습니까. 이전 경제 구조와 질적으로 달라지는 시점이 언제인가에 초점을 맞춘 이론인데, 우리의 경우 1970년대 중반 이전과 이후의 한국 경제는 질적으로 달라진다는 연구가 있지요. 그 시점이 중화학공업 시기거든요. 1970년대 중순 이전의 경공업에서는 주로 단순 기능이 필요해서 특별한 교육을 받지 않더라도 공장 내에서 순종하는 것, 지시하는 일에 잘 따르는 것, 규율 그리고 며칠만 배우면 할 수 있는 단순한 일을 계속 반복하는 게 더욱 중요했습니다. 그래서 초중등학교는 규율을 중심으로 가르치면 되는 거죠. 교복 입고, 머리 깎고, 선생님한테 대들면 안 되고. 그게 학교의 기능 중 하나였거든요.

그런데 중화학공업이 시작되면서 대학이 빠르게 성장하게 됩니다. 중화학공업 시대에는 기능 수준도 높아져야 하는 등 경공업 시대보다 고급 인력이 다수 필요하다 보니 대학의 기능이 더욱 중요해지고 좋은 일자리를 얻기 위해 대학진학률도 크게 높아지기 시작했지요. 즉 경공업 시기에서 중화학공업 시기로 전환되면서 새로운 지식을 교육하는 대학이 매우 중요해진 거죠.

이후에 우리나라에서 터닝포인트에 관한 논의는 거의 없었는데 저는 4차 산업혁명 시기가 2차 터닝포인트 시기라고 생각합니다. 1970년대 중반이 1차 터닝포인트 시기였다면 50년이 지난 지금 시점이 2차 터닝포인트로 들어가는 시점입니다. 이 시기에 적절히 대응하지 못하면 우리 경제는 앞으로 매우 어려워지고 잘 극복하면 질적인 성장을 할 수 있다고 봅니다. 4차 산업혁명은 새로운 과학, 새로운 연구 분야거든요. 이 영역은 기업만으로는 해결하기 어렵습니다. 결국 대학에서 인재를 양성하고 기업과 연계해서 인력을 투입해야 하므로 대학 기능이 매우 중요한 시점입니다. 그런데 현재 상황을 보면 대학이 그 기능을 하기 어려운 구조입니다. 대학들이 재정, 인력, 자율성 등에서 어려움을 겪고 있어서 4차 산업에 적합한 인력을 양성하는 것은 굉장히 힘든 상황입니다. 저는 지금 대학이 4차 산업혁명을 추진하는 데 있어서 단순히 참여하는 정도가 아니라 주도

해야 하는 시점에 와 있다고 봅니다. 앞으로 수년 내에 대학들이 새로운 변화를 주도할만한 기반을 갖추지 못하면 한국의 경우 터닝포인트 시점을 놓쳐버려 국제 분업 구조와 세계 경쟁 속에서 매우 어려운 상황에 빠질 수 있다고 생각합니다.

김종한 정말 중요한 이야기인 것 같습니다. 저는 대학이나 도시나 마찬가지라는 생각인데, 이미 시작된 4차 산업혁명 시기에 대학도 도시도 여기에 대응할 수 있는 역량과 비전을 가진 리더가 절실하게 요구되고 있습니다. 이처럼 중차대한 시기에 과연 어떤 리더가 지자체를 맡고 대학을 운영하느냐에 따라서 대학과 지역의 흥망성쇠가 상당히 영향을 받을 수 있다고 봅니다. 지역대학의 일원으로서 만약 류 교수님이 대학을 책임지신다면, 4차 산업혁명에 대응하는 자세로 이 시기에 무엇을 중요시하면서 추진해나가실지 말씀을 들어보고 싶습니다.

류장수 매우 중요하면서도 매우 어려운 질문이네요. 큰 틀에서 말씀드리면 중앙정부와 지방정부가 지역 발전을 위해서, 청년 일자리를 위해서 중요한 역할을 수행해야 하지만 어떻게 보면 더 중요한 역할을 해야 하는 주체가 대학입니다. 중앙과 지방의 권력은 계속 바뀌지 않습니까. 이런 상황에서 성과 여부와 관계없이 정치 논리로 중앙정부와 지방자치단체의 정책이 바뀔 수밖에 없어요. 이전 정책이 단절되는 상황에서 지역이 중심을 잡고 안정적으로 가는 게 매우 어렵습니다. 그런데 4차 산업혁명은 한순간에 이루어지는 게 아니라 상당한 투자를 지속해야 가능한데, 저는 이걸 할 수 있는 기관이 대학이라고 봅니다.

지역 발전, 특히 4차 산업혁명 시대에 지역을 발전시킬 수 있는 핵심 기관이 지역대학이라고 하면, 대학의 리더는 교수, 직원, 학생들의 리더일 뿐만 아니라 지역 전체를 선도할 수 있는 리더가 되어야 한다고 봅니다. 지역 전체를 선도할 수 있는 리더, 힘이 강한 리더, 혁신성을 지닌 리더가 되어야 책임지고 있는 대학의 힘도 키울 수 있고 내부 구성원의 만족도 역시 극대화할 수 있습니다. 그리고 힘이 강한 리더는 대외적, 인적 네트워크를 강하게 가지고 있을 뿐만 아니라 구성원을 존중하고 구성원들의 창의성을 발현시킬 수 있는 민주적 리더십을 가져야 합니다. 그런 점에서 대학의 리더는 대외 관계에서 힘이 있어야 하고, 혁신성을 가져야 하고, 구성원과 함께하는 민주성을 갖춰야 하겠지요. 4차 산업혁명 시대를 맞아 대학은 더욱 중요한 역할을 맡아야 함에도 불구하고 몇 년 후 학령인구 급감으로 오히려 위기에 빠지는 상황을 고려하면 대학 리더의 역할은 예전과는 비교할 수 없을 정도로 중요해지겠지요.

김종한 제가 어디서 본 이야기인데 4차 산업혁명 시대에 도시와 대학이 생존하고 더 나아가 경쟁력을 갖게 하는 요소는 '신뢰'라고 하더군요. 예컨대 4차 산업혁명이라는 것이 규제가 풀려 질서가 없는 것처럼 보이지만, 새로운 질서가 만들어지는 상황에서 기업들이 와서 자유롭게 개발했는데 내 것이 안 된다면 그 도시는 죽어버린다는 거죠. 내가 그 도시에서 일하면 일한 만큼의 대가가 돌아온다는 신뢰가 있는 곳으로 인재들도 모이고요. 그렇기 때문에 4차 산업혁명 시대에 가장 중요한 게 신뢰라고 보는데 그렇게 되려면 대학의 리더들이 신뢰를 갖추는 것이 중요하다고 생각합니다.

류장수 저도 앞으로 훨씬 더 민주화된 사회에서는 신뢰가 권력보다 더 강력한 역할을 할 걸로 봅니다.

청년 일자리 문제 해결을 위한 중앙정부와 지방정부의 역할

김종한 4차 산업혁명 시대에는 신뢰가 중요한데 대학은 그런 부분이 강하죠. 신뢰를 만드는 구조와 함께 창의융합형 인재를 만드는 게 대학의 역할인데, 그런 부분을 리더가 끌고 나간다면 대학의 경쟁력이 강해지지 않을까 생각해봅니다.

일자리 창출 문제를 대학과 섞어서 이야기를 했는데, 지역 청년층들이 필요로 하는 좋은 일자리와 관련해서 중앙정부가 해야 될 역할도 있고 지방정부가 해야 될 역할도 있겠지요. 연구자로서 그리고 대학의 입장에서 봤을 때, 청년 일자리 문제 해결을 위해 중앙정부와 지방정부가 해야 할 역할이 무엇이라고 생각하시는지요. 최근에 제안하신 것이 있으면 말씀해주십시오.

류장수 작년, 그러니까 2018년 1월에 청와대에서 청년 일자리 대책회의를 할 때 정책 방안을 발표한 적이 있어요. 대통령이 직접 주재하시는 회의이고 단순히 의견을 제시하는 정도가 아니라 공식적인 발표자 역할을 맡았기 때문에 고민을 많이 할 수밖에 없었습니다. 그때 여러 정책들을 제안했는데 청년들에게 적합한 민간 일자리를 기업들이 적극 만들도록 하는 지원방안도 있었지만, 공무원 신규 채용 확대와 공공기관의 일자리 창출 등 정부가 직접적이고 적극적인 역할을 해야 한다는 취지의 내용도 있었어요. OECD 국가들에 비해 우리의 공공 부문 일자리가 상대적으로 적기 때문에 공공 부문 일자리 확대는 필요합니다. 특히 민간 부문에서 일자리를 많이 만들지 못하는 상황에서 이 시기 청년들을 몇 년간 공백으로 둘 것이냐, 이건 아니거든요. 어려울 때는 정부가 더욱 깊게 개입하는 게 필요해요.

그리고 국가균형발전이 실현되어 지역에서 골고루 행복하게 사는 사회가 만들어져야 합니다. 지금은 일자리 부분만 이야기하고 있지만, 우수 인재가 지역에 남게 하려면 좋은 일자리뿐만 아니라 문화 영역도 중요하더라고요. 청년들이 그 지역에서 일만 하는 건 아니거든요. 공단을 대상으로 조사해보면 청년들이 공단 일자리에 안 가는 이유 중 하나는 사실상 공단엔 문화가 없다는 거예요. 우리가 바르셀로나의 22지구 사례를 많이 이야기합니다만, 거기에 대학과 청년들이 모이는 이유가 있어요. 재개발할 때 교육, 주거, 문화생활을 그 공단 내에서 모두 해결할 수 있도록 콤팩트 시티(compact city)를 만들었기 때문입니다.

또 하나는 공정한 시장 질서라고 봅니다. 대중소기업의 임금 격차가 대단히 크거든요. 거기에다가 임금으로 나타나지 않는 복지까지 고려하면 그 격차는 더 벌어집니다. 기업 규모 간 임금 격차, 즉 원·하청 기업 간 임금 격차가 세계에서 제일 높다고 해도 과언이 아닐 겁니다. 초과 이윤을 대기업이 대부분 가져가기 때문에 공정한 시장 질서가 작동되지 않고 있다는 것을 지적할 수 있는데, 협력 업체인 하청 업체가 이 문제를 해결하기 힘들어요. 이런 부분을 정밀하게 보고 조속히 해결해야 합니다. 만약에 일본처럼 대중소기업 임금 격차가 얼마 나지 않는다면, 우리의 청년 일자리 문제는 상당 부분이 해결된다고 생각합니다. 대중소기업 임금 격차 중 정말 불합리한 것을 걷어내고 합리적인 격차만 존재하게 된다면 지금의 청년 일자리 문제는 크게 완화될 겁니다.

김종한 왜 그렇게 됐을까요?

류장수 결국은 대기업 중심의 독과점 체제를 포함해서 원·하청 관계까지 연결되면서 하청 역할을 하고 있는 협력 업체들은 거의 발언권을 행사하지 못하는 산업 생태계 특징도 있을 겁니다. 중소기업이 여러 대기업에 부품을 납품하는 시스템이 아니라 하나의 대기업에 전속화된 현실도 요인이 될 수 있겠지요. 어쨌든 이런 상황에서 어느 부모가 대학까지 졸업한 자녀를 중소업체에 보내려고 하겠습니까? 얼마 전에 우리의 대졸 구직자를 일본에 보내는 부분에서 예상하지 못한 난관을 만났다는 얘기를 들었어요. 일본으로 가면 일자리가 생긴다고 해서 정부가 각종 지원을 해서 보냈는데 취업한 일본 기업의 임금이 낮아 우리 청년들이 불만을 제기한다고 합니다. 일본의 중소기업에 취업한 입장에서 중소기업과 대기업 간의 임금 격차가 별로 없는 건 좋은데 초임 자체가 낮으니까요. 외국까지 와서 특별한 기술을 배우는 상황도 아닌데, 이 돈을 받으면서 내가 왜 일본에 있어야 하느냐는 거죠.

대중소업체 간 임금 격차가 클 뿐만 아니라 일반적으로 중소기업에 대한 인식이 좋지 않아 중소기업으로 가면 낙인까지 찍힌다면, 결혼하기조차 쉽지 않다는데 청년들이 거기에 가려고 하겠습니까? 우리 자식이라면 기꺼이 보내겠습니까? 쉽지 않거든요. 그래서 부모님 돈을 받고서라도 공공 부문과 대기업 취업 준비에 매달리는 거예요. 한마디로 말씀드리면 결국 공정한 시장 질서라는 것이 단순히 정의의 문제를 넘어서서 실생활에도 엄청난 영향을 미치는 게 현실입니다.

김종한 저도 교수님 말씀을 듣다 보니 우리나라 대기업 임금이 높아진 것은 역사적으로 보면 대기업 위주 정책 때문이라는 생각이 듭니다. 국가가 대기업에 상당한 편의를 봐주었죠. 경제개발 초창기에는 글로벌 경쟁에서 살아남으려면 가격 경쟁력을 가져야 한다는 미명하에, 재벌기업이 노동자의 임금과 하청 기업의 부품 가격을 낮출 수 있게 용인하여 글로벌 기업으로 성장하도록 한 것이 아닙니까. 이후에 대기업의 이익이 많아지면서 대기업이 이에 기여한 중소기업과는 초과 이윤을 공유하지 않고 자기 노동자들과만 나누는 구조가 되다 보니까, 대기업과 중소기업 간의 임금 격차가 크게 벌어지게 된 거죠.

또 하나 중요한 것은 정부가 대기업에 대한 공정한 시장 질서를 실현하고 동시에 적극적으로 중견기업을 양성해야 한다고 봅니다. 중견기업에 취업해도 먹고 살만하고, 워라밸이 될 수 있어야 합니다. 그런데 지금 중소기업들은 중견기업으로 올라가지 않으려고 하더라고요. 올라가면 혜택이 없어지니까요. 저는 그런 규제를 빨리 풀어서 중견기업을 육성하고 중견기업에도 인재들이 들어가서 이들이 글로벌화 되어 좋은 일자리의 영역을 넓히는 것이 필요하다고 생각합니다. 그런 것들이 중앙정부가 해야 할 제도적인 측면과 역할이라고 봅니다. 지방정부 부분은 이야기를 하시다 잠시 멈췄는데 조금 더 보완을 해주시겠습니까?

류장수 지방정부가 이전보다 일자리에 관심을 두는 것은 바람직합니다. 예전에 지방정부가 별로 관심 없던 부분이 교육 분야였어요. 초중등은 교육청에서 책임지고 대학은 중앙정부와 연결되어 있다 보니 지방정부 입장에서 교육 분야에 별로 관심이 없었어요. 요즘 지방정부는 대학과 연계하여 사업을 수행하고 있고, 교육청과는 초중등학교 급식비 지원 등 많은 사업을 함께하고 있습니다.

일자리 영역도 예전에 비하면 지방정부가 많은 관심을 두고 있어요. 일자리 시장, 일자리 구청장, 일자리 군수가 되겠다는 단체장들이 많이 늘어나고 그 일환으로 광주형 일자리 얘기까지 나왔지요. 제가 이런 이야기를 자주 합니다. 예전에는 하향식 방식이라면 지금은 상향식으로 해야 한다, 무슨무슨 '형'이 아니고 이제는 무슨무슨 '발' 사업이 나와야 한다, 즉 광주형이 아니고 광주발이어야 한다는 거죠. 이제 지자체는 일자리 영역에서 이른바 기획 기능을 수행해야 한다고 봅니다. 단순히 중앙에서 예산 주고 사업 주면 집행하는 게 아니라 그 지역에 맞는 것을 만드는 게 필요합니다. 지역에 특화된 걸 만들면 그건 '형'이죠. 그런데 그중에서 공통적인 게 있거든요. 그럼 '발'이 되어서 다른 지역으로 확산하는 방식이 보다 발전된 방식입니다. 그리고 지자체가 일자리 영역에서 기획 기능을 제대로 수행할 수 있으려면 고용 전문가가 필요한데 그 인력을 양성하는 곳이 바로 지역대학입니다. 이 지점에서도 지방정부와 대학 간의 연계가 중요하다는 것을 알 수 있어요.

고향에서 공부하고, 일하고, 행복하게 사는 사회

김종한 지방자치단체가 주체적으로 움직일 수 있는 역할이 필요하다는 말씀이죠. 이제 논의가 막바지로 넘어가는 것 같습니다. 방금 대학의 역할과 중앙정부의 역할, 지방정부의 역할을 구체적으로 살펴봤습니다. 총괄하는 의미에서 청년 일자리를 확대하는 방안과 이제까지 논의한 것들을 정리해주시면 좋겠습니다. 현시점에서 청년 일자리 확대를 위해서 필요한 정책이 여러 가지가 있는데 그중에서 중요하다고 생각하시는 부분을 정리해주시겠습니까?

류장수 경제 확대 정책은 정말 필요하고 중요한 정책이죠. 짧은 시간에 어떻게 말씀을 드려야 할지 모르겠습니다만, 교과서적으로 말씀드리면, '경제를 살리자'는 이야기를 할 수밖에 없습니다. 경제를 살려야 일자리가 나오는 거니까요.

그런데 경제를 살리는 정책의 원칙은 고용 친화적인 정책이어야 한다는 겁니다. 적어도 고용 배제가 아닌 고용 친화적인 정책이 채택되어 경제가 살면서 동시에 산업이 성장하고 일자리도 같이 증가할 수 있어야 합니다. 그러면서 그 일자리는 확산력을 가져서 연관 일자리가 나올 수 있는 방식이 필요할 겁니다.

그리고 앞에서도 말씀드렸지만 청년 일자리는 시장 기능에만 맡겨서는 풀 수가 없습니다. 경력도 없고 현재 상황도 좋지 않으니까요. 그런데 '청년이 살아야 나라가 산다'라는 철학으로 청년에 투자하는 것이 5~10년 뒤에 먹거리를 만들 수 있고, 더 기초적으로는 인간다운 삶을 살 수 있다는 믿음을 가질 필요가 있습니다. 청년 일자리 창출을 위해 정부가 매우 깊게 관여할 수밖에 없습니다. 많은 일자리가 민간에서 나오는 것은 당연하고요. 단기적으로라도 청년들을 위한 정책이 지금 다양하게 나와야 합니다. 예를 들어 일자리 나누기 부분에서 대기업 일자리 나누기도 있고, 고연령층 경우에는 명예퇴직금을 높여 회사를 나갈 수 있는 조건을 만들어주면서 세대 간에 일자리를 나눌 수도 있고요. 공단을 새로 지을 때도 청년 친화적으로 만들어야 합니다. 크게 보면 지속 가능한 청년 일자리를 만드는 것도 중요하지만 지금과 같이 어려운 상황에서는 특단의 한시적 정책도 함께 추진해야 한다고 봅니다.

다음으로 강조하고 싶은 사업이 있습니다. 교수님도 같이 하셨던 교육과 일자리 연계 사업입니다. 다문화 가정이 많이 늘어나고 있어요. 그런데 집에서 한글을 충분히 가르칠 수 없는 다문화 가정이 늘어나서 중학교 중퇴율이 높아진 데이터를 오래전에 본 적이 있습니다. 다문화 가정 자녀의 개인 적응 문제도 있지만 나중에 사회적으로도 심각한 문제가 될 수 있습니다. 이 문제를 청년들에게 그 학생들의 멘토로서 일정 부분 역할을 하게 하고 임금을 지급하는 사업으로 풀어보자는 것이었지요. 참여하는 청년들은 일 경험으로 활용할 수 있겠죠. 부산에서 정부 예산을 받아서 처음으로 시범사업을 한 적이 있는데 당시 청년 지원율이 3대 1을 넘었던 걸로 기억합니다. 그 정도로 청년들이 일자리를 원한다는 거죠. 교육, 문화, 예술 등 곳곳의 영역에 청년들이 한시적으로 할 수 있는 사업이 많거든요. 청년들이 필요한 영역에서 일을 하면서 새롭게 사회성도 배우고 그 돈으로 생활도 하고 시험도 준비하는 거죠. 이렇게 함으로써 위기가 아닌 기회가 될 수 있도록 하는 사업이 이 시점에 절실히 필요합니다. 다행히 지금 국가 재정이 괜찮기 때문에 이런 쪽에 투입하는 것이 국가의 미래 수익률을 높일 수 있는 것이 아닐까 생각합니다.

김종한 지금까지 청년 일자리를 확대하기 위한 방향에 대해 포괄적으로 짚어주셨습니다. 작년에 대통령 주재 청년 일자리 대책회의에서 주제발표를 하실 때 이런 기본 방향과 대책을 말씀하신 것으로 압니다. 그 내용이 아마 청년 일자리 확대 방안의 중요 부분이 아닌가 싶어서 간단히 요약해서 말씀 부탁드립니다.

류장수 제가 누차 강조해서 말씀드렸던 것은 현재 상황이 매우 좋지 않지만, 2021년 이후부터는 25~29세 인구가 계속 떨어지기 때문에 너무 비관적으로 생각하지 말고 몇 년간 잘 관리하면 청년 일자리 문제를 상당 정도 해결할 수 있다는 겁니다. 청년 없는 가족이 어디 있겠습니까. 그런데 고등학교를 졸업하고 대학까지 졸업하느라 엄청 고생해서 여기까지 왔는데 일자리가 없다, 1~2년 내에 일자리가 생길 전망도 안 보인다는 건 심각한 문제라고 봅니다. 이런 상황에서 '큰일 났다, 어떡하지?' 이렇게 나오면 청년들이 충격을 받고 위축됩니다. 다행히 2020~2030년 사이에 200만 명의 청년 인구가 줄어드니까 일자리 부분에서는 희망의 빛이 보이거든요. 그 기간 동안에 우리가 손 놓고 있지 말고 정부가 적극 개입해서 최악의 상황을 막아야 합니다. 민간이 일자리를 만든다는 걸 모르는 사람이 어디 있습니까. 저는 그 얘기만 계속 반복하는 전문가들을 볼 때마다 이분들은 현재 어려움에 처해 있는 청년들을 도대체 조금이라도 걱정을 하나 싶더군요. 당신의 자녀가 3년간, 5년간 아무것도 못하고 계속 집에 있는 상황에서도 민간이 일자리를 만들어야 한다고 하면서 시장 기능만 강조할 것인가라고 그분들에게 묻고 싶어요.

저는 청년 일자리 문제 해결을 위해서 정부가 상당히 중요하게 여기고 특단의 단기 정책도 시행해야 한다고 생각합니다. 앞서 말씀드렸던 트리플-윈 제도, 청년 친화적인 공단, 대기업과 중소기업의 상생모델을 창출하여 임금과 근로 조건의 격차를 줄이는 방안들을 제안했죠. 사회적 협동기업에도 일정 부분 지원하는 게 좋겠다고 이야기했습니다.

김종한 지금 우리나라 청년이 일자리로 보면 가장 어려운 시점에 있다고 봐야겠네요. 제가 늦둥이가 있는데 대학을 졸업할 때쯤이면 괜찮겠죠?

류장수 일본의 사례를 본다면 그럴 수 있을 겁니다.

김종한 이제 정리를 해야겠습니다. 지금까지 우리가 청년을 대상화하여 청년에 대한 지원정책, 청년의 현황 등을 이야기했습니다. 결국은 청년들이 3포 세대, 7포 세대 등 어려운 시기의 삶을 살아가고 있는데 무엇보다도 청년이 행복해야 하지 않겠습니까? 삶의 질을 개선하기 위해서 문화적인 부분도 말씀해주셨는데 청년의 삶의 질 개선을 위해서 무엇을 해야 하는지, 이와 함께 마무리 겸 청년들에게 용기를 줄 수 있는 마지막 말씀을 해주시면 고맙겠습니다.

류장수 저는 청년들을 위해서 정책을 제안한다고 하지만, 청년들 입장에서는 '우리 상황을 잘 모른다'라고 이야기할 수도 있을 겁니다. 청년들 중에서 『아프니까 청춘이다』라는 책을 비판하는 걸 봤거든요. '아프니까 환자다'라고 패러디까지 하더군요. 우리 세대가 생각하는 것 이상으로 청년들은 힘들어하는 것 같습니다. 그래서 마무리로 말씀드리는 것이 혹시 청년들에게 아픔을 줄까봐 부담되고 조심스럽습니다. 저로선 같이 극복해보자는 얘기가 다르게 이해될 수도 있으니까요.

저는 삶의 질에 있어서 역시 일자리가 중요하다고 생각합니다. 일은 경제적인 부분만이 아니라 경제 외적인 요소에도 영향을 주기 때문이죠. 그래서 일자리 부분을 어른들이 책임진다는 각오가 필요합니다. 청년들에게 어려움이 지속된다고 생각하지 말고 조금만 지나면 해결될 수 있다고 말하고 싶어요. 그리고 청년들이 도전 의식이 있음에도 불구하고 실패하면 낙인이 찍혀 조심스럽게 가는 경우가 있는데 도전 의식은 필요하다고 봅니다. 요즘 청년들을 보면 깜짝깜짝 놀랍니다. 단군 이래 이렇게 스펙이 뛰어난 학생이, 취업 준비하는 데 힘든 학생이 웃는 모습을 보면 희망이 있거든요. 우리가 이들을 잘 키워나가야 한다고 생각합니다.

국가 전체를 보면 청년의 위기는 국가 미래의 위기입니다. 청년 개인만의 문제가 아니고요. 우리가 국가 차원에서 청년 문제를 다룰 때 일자리 문제도 중요하고 그 외에 여러 가지 문화라든지 청년들의 생각까지 같이 아우르는 청년 종합대책이 필요하다고 봅니다. 기업에 대해서는 앞에서 말씀드렸지만, 졸업한 청년을 활용만 한다는 생각을 넘어서 청년을 지원과 투자의 대상으로 보는 인식의 전환이 필요합니다.

그리고 제가 자주 하는 말이지만 '고향에서 공부하고 일하고 행복하게 사는 사회'를 만드는 것이 특히, 현재 청년들한테 필요한 게 아니냐는 생각을 합니다.

김종한 청년 고용 부분에서 우리나라에서 가장 많은 연구를 하시고 정책을 개발해오신 류장수 교수님과 함께 유익한 이야기를 나누었습니다. 더불어 저도 배울 수 있어 즐거운 시간이었습니다. 앞으로도 청년 고용뿐만 아니라 대학과 관련된 정책들을 구체화해서 청년들에게 실질적으로 도움이 될 수 있도록 해주시길 부탁드립니다.

2부 시론

1

지역을 위한 대학

그래도 우리는 대학에 기대해본다

2007년 상반기로 기억된다. 대학과 교육부가 고교 내신반영률을 두고 정면으로 충돌한 적이 있었다. 정확히 얘기하면 입시 전형에서 외국어고등학교 졸업생 등 우수 인력을 뽑으려는 서울의 사립대학들과 학교 교육을 정상화하려는 교육부 간에 고교 내신실질반영률을 두고 몇 달 동안 대립각을 세우고 있었다. 사립대 입장에서는 내신반영률을 낮춰 외고 등 특목고 학생들을 많이 유인하려 했고, 교육부는 입학 전형에서 내신반영률이 낮을 경우 학교 교육이 파행으로 가기 때문에 내신실질반영률을 높이려고 하다 보니 충돌은 불가피한 상황이었다.

당시 교육부총리 정책보좌관의 자격으로 이 문제에 깊숙이 관여하면서 느낀 점 몇 가지가 있다. 대학이 요구하는 자율성과 사회가 대학에 대해 기대하는 책무성 간의 대립을 조정하는 것은 매우 어렵긴 해도 가능하다는 점, 대학 구성원 특히 대학 교수들의 서명 등 집단행동은 정부에 상당한 압박을 줄 수 있다는 점, 어떤 경우에라도 쌍방 간의 대화만큼 중요한 것은 없다는 점이다. 여기에 하나 더 추가한다면, 정권 초반기에 비교적

침묵을 지키던 대학들이 후반기 특히 말기에 이르면 목소리를 크게 낸다는 점이다. 2016년 이화여대 사태는 10여 년 전의 내신반영률을 둘러싼 대학과 교육부 간의 대립 사안보다 훨씬 복잡하다. 하지만 대학의 자율성과 사회적 책무성 간 균형을 어떻게 맞춰야 하는지 그리고 대학 교수들이 목소리를 내는 것이 얼마나 중요한지를 보여주고 있다는 점에서 일정한 공통점이 발견된다.

교육을 통해 가난을 극복하고 교육을 국가 성장의 핵심 동력으로 삼았던 우리에게는 다른 어느 나라보다 대학이 우리 삶 속에 깊숙이 들어와 있다. 대학진학률이 70%를 넘어선 지 오래되었다. 지금 이 시간에도 대학과 연계되지 않은 가정을 찾기가 불가능할 정도로 우리는 학생이나 졸업생으로서, 대학생의 (예비)학부모로서, 대학졸업자를 채용하는 수요자로서 대학 사회와 긴밀히 연결되어 있다. 대학은 우리 사회 네트워크의 심장이라고 해도 과언이 아니다.

그런데 우리의 대학들은 사회의 심장으로서 제대로 기능하고 있는가 하는 질문에 들어가면 부정적인 답변이 더 많지 않을까. OECD(경제협력개발기구)는 대학의 기능을 교육, 연구, 사회적 기여라는 세 가지 측면에서 찾고 있다. 그런데 우리의 대학은 창의적인 인재를 양성하는 데 어려움을 겪고 있고, 새로운 패러다임에 적합한 성과를 내는 데 연구는 근본적 한계를 가지고 있다. 대학에 대한 국가 재정 규모는 OECD 회원국들에 비해 적어 대학 재정의 상당 부분은 사적 부담으로 충당하는 상황이다. 그래서 대학등록금은 미국과 함께 세계 최고 수준에 있지만 학생들의 대학교육 투자수익률은 지속적으로 떨어지고 있다. 그리고 대학 졸업생들의 역량이 떨어져 제대로 된 교육을 시켜달라고 요구하지만, 정작 대학 지원에 대한 우리 기업들의 노력은 선진국 기업들에 비해 매우 인색한 것이 현실이다.

인공지능 등 이른바 제4차 산업혁명을 주도할 연구물을 만들어내기에는 우리나라 대학 실정은 차라리 암담하다는 표현이 적절할지도 모른다. 패러다임 전환을 이끌어내는 연구가 필요하고 이를 위해서는 장기적인 지원이 핵심인데, 대학의 연구환경은 단기 성과와 양적 성과에 치중하는 환경에 머물고 있다. 대학의 사회적 기능 면에서도 많은 과제를 안고 있다. 정권 말기뿐만 아니라 정권 초기에도 항상 올곧은 모습으로 사회 정의를 선도해나갈 책무가 있지만 우리의 대학은 그 역할을 충분히 해오지 못했다.

지금 한국 사회는 큰 위기 속에 있다. 경제 위기가 지속되고 있으며 양극화 심화로 인해 계층 간 위화감은 악화되고 있다. 우리의 대학 또한 교육과 연구, 사회적 기여 면에서 많은 한계를 지니고 있으며, 그 결과 대학에 대한 불만이 많은 것이 사실이다. 그러나 국민의 미래 생활 수준을 향상하고 어떠한 정치적 외압에도 타협하지 않고 사회 정의를 실현하는 데 있어서 대학만큼 중요한 기관은 없다. 지난 수십 년간의 현대사를 통해 우리는 이것을 목격해왔다. '그래서' 우리는 대학의 역할을 기대하고, '그래도' 대학에 기대해본다.

대학구조개혁위원장을 맡으면서

2017년 8월에 교육부의 대학구조개혁위원장직을 맡았다. 20명으로 구성된 제5기 대학구조개혁위원회의 위원장직을 맡은 직후인 8월 25일에 '2주기 대학구조개혁평가 1차 의견 수렴' 자리에 참석한 적이 있었다. 모든 대학 관계자들을 대상으로 하는 자리인 만큼 2주기 평가에 관한 방향도 설명하고 그분들의 의견도 들을 필요가 있었다. 나중에 대학기본역량진단이라는 이름으로 변경된 2주기 대학구조개혁평가에 대해 대학들은 상당한 관심을 가질 수밖에 없어서, 당시 의견 수렴 자리에 말 그대로 입추의 여지가 없을 정도로 사람들이 많이 참석했다.

그날 행사를 마치고 나오다가 한국대학신문과 계획에 없던 인터뷰를 갑작스럽게 한 적이 있다. 사전에 질문지를 받지 않은 인터뷰라 그때 답변한 내용은 당시 내 생각을 여과 없이 나타낸 것이라고 볼 수 있다. 대학구조개혁위원장을 맡을 당시 대학구조개혁 등 대학에 대한 생각을 그때의 인터뷰 기사를 활용하면서 정리해본다.

한국대학신문 기자(이하 기자) 대학구조개혁 철학이 궁금하다.

류장수 시장의 기능이 중요하다. 시장에서 학부모와 학생들이 판단해야 한다. 그러나 정보의 비대칭이라는 문제가 있다. 일례로 학생이 한계대학인 줄 모르고 지원했다가 큰 피해를 볼 수도 있다. 게다가 시장에만 맡겨놓는다면 당장 지방대부터 무너지기 십상이다. 지방대가 붕괴되면 맨파워를 형성하지 못해 결국 해당 지역이 어려워진다. 시장경제에만 다 맡기면 안 되는 이유다. 이때 정부의 역할이 필요하다. 시장과 정부 기능이 적절히 균형을 이뤄야 한다. 다만 정부의 드라이브가 강하다면 조절할 생각도 갖고 있다. 요즘 대학은 국립대 교수조차도 예전보다 훨씬 위기감을 느끼고 있다. 이런 상황에서 대학에 지나치게 센 잣대를 들이대고 평가해 '이 방향이 옳다', '이리로 가야 한다'고 압박할 필요도 없고 할 수도 없다. 일례로 정부에서는 정원 감축 인원을 5만 명으로 정했다고 하지만 상황을 보고 바꿀 수도 있다.

기자 1주기 대학구조개혁평가 컨설팅이 거의 마무리됐다. 어떻게 평가하나?

류장수 당시 대학구조개혁위원회 위원이 아니었기 때문에 말하기는 조심스럽다. 그런데 이미 교육부도 스스로 1주기 대학구조개혁평가에 문제가 있었다는 것을 여러 여론 수렴 과정을 거치면서 잘 알고 있고 충분히 공감하고 있더라. 학령인구 감소 등 위기감 속에서 정부가 하향식으로 십행한 평가는 대학들에 엄청난 부담을 줬다. 게다가 각종 평가를 총장 직선제와 연계한 것은 도저히 이해가 안 된다.

기자 한계대학에 대해서는?

류장수 한계대학은 정리해야 한다고 생각한다. 지방대학이라고 해서 지역의 모든 대학을 껴안고 갈 순 없다. 학생 몇 명을 데리고 영위하는 구조는 바람직하지 않다. 한계대학에 들어간 학생을 일각에서는 개인의 선택이라고 볼 수 있겠지만 잘 모르고 선택했을 수도 있다. 그럼에도 학생은 그 이상으로 피해를 본다. 그런 측면에서 한계대학은 선별할 필요가 있다.

기자 자율개선대학을 권역별로 나누는 것에 대해 대학들이 불만이 많은 것 같다.

류장수 권역별로 꼭 나누어야 하느냐고 얘기할 수 있다. 어느 지역이든 동일한 비율로 대학 자율화를 해서 절대적인 형평성을 맞추자는 건 아니다. 우려하는 부분에 대해 검토했다. 수도권 대학들이 너무 불안해하지 않았으면 한다.

기자 마지막으로 어떤 부분에 중점을 두고 위원회를 이끌 것인가?

류장수 제 전공이 노사관계다. 갈등 문제를 해결할 때 가장 좋은 방안은 만나서 들어주는 것이다. 앞으로 대학들이 공개적으로 교육부나 위원회를 만나는 자리를 많이 만들어야겠다고 생각했다. 나는 대화를 좋아하는 사람이다. 5기 대학구조개혁위원회는 이해 당사자들과 자주 만나고 현장 얘기를 많이 들을 생각이다. 그래야 문제가 해결된다. 또한 오랜 시간이 걸리더라도 난상토론을 통해 만장일치로 결정하려고 한다. 실제 지표 하나를 결정하는 데도 두세 시간 동안 논의한다. 좋은 의견이 있으면 달라. 토론해보고 좋은 안으로 다시 내놓겠다.

대학기본역량진단과 '자율 발전' 과제

2017년 벽두부터 해외 유수 교육연구기관들은 고등교육의 주요 이슈로 안정적인 재정 확보와 4차 산업혁명 등 기술 변화에 따른 교육의 혁신을 언급했었다. 한 해를 마무리하는 현시점에서 이런 글로벌 이슈와 함께 우리 고등교육이 갖고 있는 문제로서 대표적으로 급감하는 학령인구, 지나친 사학 의존, 경제협력개발기구(OECD) 평균을 밑도는 고등교육 투자 등이 얼마나 해결됐는지 뒤돌아보게 된다.

지난 10년간 고등교육 투자는 미약하게나마 늘어났다. 하지만 각각의 고유 목표와 평가를 수반하는 재정 지원사업 형태로 증가한 결과, 대학은 대학 전체 운영을 혁신하는 데 정부 지원금을 사용하기 어려웠다. 또 2015년에 시행된 대학구조개혁평가는 16%를 제외한 모든 대학의 정원을 감축하면서 지원과 연계되지 않아 대학에 큰 부담이 됐다.

다행히 새 정부는 국립대학과 강소대학 육성, 일반재정 등을 국정 과제로 설정하고 고등교육의 정책 패러다임을 공공성과 자율성 확보로 전환하고 있다. 지난 8월 새로 출범한 대학구조개혁위원회 역시 시대적 흐름과 새 정부 기조에 맞춰 기존의 대학구조개혁평가 방식을 개선하는 작업을 해왔다. 대학구조개혁위원회는 거의 매주 회의를 통해 대학 현장의 의견을 수렴하고 조정하는 과정을 거듭한 결과, 지난 공청회에서 발표된 기존 평가를 대체하는 2018년 대학기본역량진단 방안을 마련했다.

2018년 대학기본역량진단 방안의 주요 개선 방향을 살펴보면, 먼저 대학을 정원 감축의 대상이 아니라 지원을 통한 자율적 발전의 주체로 보고자 했다. 대학교육의 질 제고(提高)는 대학의 특성과 여건에 맞추어 추진될 때 가장 효과적인데, 2015년 평가는 정원 감축에 초점을 맞추고 또 세세한 등급 구분으로 대학을 지나치게 서열화했다. 둘째, 적정 규모의 우수한 지역대학 확보로 고등교육의 공공성과 지역 균형이 강화될 수 있는 토대를 구축하고자 했다. 4차 산업혁명과 학령인구 감소에 대응하여 지역 발전을 선도하기 위해서는 양질의 지역대학 확보가 절실하기 때문이다. 셋째, 국민 관점에서 대학에 대한 정부 재정 투자의 책무성을 확보하고, 학생의 관점에서 진단 결과가 대학 선택 시 신뢰성 높은 정보를 줄 수 있도록 고민했다. 고등교육에 대한 정부 투자는 국민의 세금으로 조성되는 만큼 그 책무성 확보 없이는 확대되기 어렵다.

2018년 대학기본역량진단을 통해 과반의 대학들이 일반재정을 지원받게 되고, 집행의 자율성이 부여된 일반재정은 대학이 중장기 비전과 전략을 가지고 미래를 대비하는 데 중요한 물적 기반이 될 것이다. 또한, 일반재정을 지원하는 자율개선대학 선정에 전국 단위가 아닌 권역별 균형을 고려하는 방식을 적용함으로써 양질의 지역대학은 안정적으로 지원받고 성장할 수 있게 된다. 정부의 정원 감축 권고는 부실한 대학 중심으로 추진하고 진단 결과를 공개해, 학생들이 우수한 대학을 합리적으로 선택할 수 있도록 지원한다.

진단지표에 있어서도 대학 현장에서 제기한 문제들을 최대한 해결하기 위해 노력했다. 낮은 보수와 불안한 고용 상태에 있는 전임교원이 양산돼 대학교육의 질도 저하된다는 우려를 반영해, 2018년 진단을 통해 비정년 전임교원 실태조사를 하기로 했다.

지금 대학 사회에서는 기존 평가 방식의 개선에 대한 안도와 함께 새로운 진단에 대한 기대와 우려가 공존하는 전환점에 놓여 있다. 정부는 대학과 국민 모두 만족할 수 있도록 2018년 대학기본역량진단이 안정적으로 시행되는 데 최선을 다해야 할 것이다.

인재 유출을 막기 위한 미국 조지아주 HOPE 장학 프로그램

우리나라나 일본과는 달리 미국의 경우 이른바 수도권 일극주의라는 용어는 존재하지 않는다. 정치적 수도는 워싱턴이지만 경제 중심지는 뉴욕이다. 그리고 뉴욕 이외에도 L.A. 등 우수 인력과 자본이 몰려 있는 메트로폴리탄이 다수 존재한다. 국토 면적이 넓고 인구가 많아 우리처럼 특정 지역이 인재나 자본을 독점하는 상황이 아닌 것만은 분명하다. 그렇지만 주별로 경제 격차가 존재하고 주 내에서도 도농 간 경제와 소득 격차가 존재하여, 보다 열악한 지역에서 여건이 좋은 지역으로 인력 이동이 심할 수밖에 없을 것이다.

이러한 상황에서 지역의 인재 유출이 중요한 문제로 부각되었고, 인재 유출을 막기 위한 다양한 방법들이 시행되어왔다. 여기에서는 조지아주에 초점을 맞춰 지역 인재 유출을 방지하기 위한 노력을 살펴보자.

조지아주의 HOPE(Helping Outstanding Pupils Educationally) 장학 프로그램은 미국 내 최초로 주 단위에서 가정 형편이 아닌 학업 성적에 근거하여 만들어진 대학 장학금 프로그램으로서,

1993년에 설립되어 주 복권의 수익금으로 운영되고 있다. 주 내 공립 고등교육기관의 학위 과정에 진학하는 고등학교 졸업생 중 자격을 갖춘 학생들에게 등록금과 소정의 교재구입비를 지급하였는데, 2005년 기준 미화 4500달러 정도로 당시 주 내 명문 공립대학에 다니는 전체 경비의 40%에 해당하였다. 그리고 주 내 사립대학에 다니는 HOPE 장학생들은 3000달러의 고정지급액을 받았는데 장학금을 받을 수 있는 기간에는 제한이 없으며 여름 계절학기 기간 동안에도 정규학기와 동일하게 신청 가능하였다.

HOPE류의 장학 프로그램 운영 목적은 해당 주 내 대학들에 지역고교 졸업생들의 등록률을 높이고, 우수한 학생들과 지역 인재를 주 내 대학으로 유인함으로써 지역의 경쟁력 제고에 기여하고, 지역 인재가 지역 산업의 기반을 확대하고 새로운 부가가치를 창출할 수 있는 토대를 마련하는 데 있다. 또한 지역대학이 우수한 학생들을 끌어들임으로써 인지도와 명성을 제고하고 연구 역량을 강화하며, 학생들의 학업 성취를 장려하기 위해 상을 줌으로써 학생들이 스스로 인적자본에 더 많은 투자를 하도록 유도하는 것이다.

조지아주의 HOPE 장학금의 지원 가능 대학은 공립대학, 사립대학, 기술전문대학으로 구분되어 있다. 2010년 이전을 기준으로 HOPE 장학생 자격 취득과 유지 조건을 보자. HOPE 장학금은 미국 조지아주에 위치한 103개 고등교육기관에서 사용될 수 있는데, 그중 20개 기관은 4년제 공립대학으로서 조지아대학과 등록금이 비슷한 수준이다.

HOPE 장학생으로 선정되기 위해서는 조지아 주민으로서 주 내 고등학교를 평균 B학점 이상으로 졸업하여야 하고, 자격을 유지하기 위해서는 대학에서 평균평점 3.0(4.0 만점 기준) 이상을 받아야 한다. HOPE 장학생들은 2학년부터 매 학년 초에 한 번씩 총 세 번에 걸쳐 평균평점을 심사받는다.

2011년부터 일부 사항이 변경되었다. 2011년 3월에 조지아 주지사인 네이선 딜(Nathan Deal)이 HOPE 프로그램에 GPA(Grade Point Average, 학부성적 평균평점)의 기준을 높이고, 교재구입비와 필수 경비에 대한 지원 조항을 삭제하는 새 법에 서명하였다. 이전과는 달리 장학금의 혜택 범위가 매년 조지아 복권 수입을 기준으로 변경되었고, 과거에는 거의 100%의 수업료 혜택을 받았다면 이제는 그 비율이 낮아지게 되었다. 고교평점 3.7, SAT 1200점(ACT 26점)의 기준을 만족하는 학생이나 고등학교에서 수석 또는 차석을 한 학생의 경우 젤 밀러(Zell Miller) 장학금이란 이름으로 수업료의 100%를 지급받지만 역시 교재구입비 지원은 없다. 사립대학의 경우 4000달러에서 3600달러로 감소하였으나 젤 밀러 장학금 지원 기준을 만족하는 경우에는 그대로 4000달러가 지급된다.

지원 조건과 지원 수준에 일정한 변화는 있지만, 조지아주의 HOPE 장학 프로그램은 지역 인재의 수도권으로의 유출이 특히 심한 우리에게 시사하는 바가 매우 크다고 할 수 있다. 정치, 경제, 사회, 문화 전반의 국가균형발전 정책과 함께 지역 인재가 지역대학에 진학하고 지역 발전을 위해 기여하는 것이 개인의 합리적 선택 결과가 되게 하는 정책적 노력이 매우 필요하다.

대학과 지역을 연계하는 일본의 COC+사업

초기의 일본 대학들은 사회의 보호와 중앙정부 차원의 지원을 바탕으로 성장해왔으며 지역사회와 밀접한 연계를 갖고 있지 않았다. 그러나 출산율 저하에 따른 학령인구 감소, 지역 인재 유출과 지역사회 침체 등의 문제가 발생하면서 지역과 지역대학 간 연계의 필요성이 제기되어왔다. 즉 일본의 경우 지역대학의 '지역사회에 대한 기여와 공헌'이라는 가치를 중심으로 지역사회와 지역대학 간의 연계와 협력이 활발하게 나타나고 있다.

지방 인재의 유출, 학령인구 감소와 같이 현재 우리의 대학들이 겪고 있는 환경 변화를 일본에서는 이미 겪어왔다는 점에서 일본의 중앙정부, 대학, 지방자치단체 간의 노력을 살펴보는 것은 현시점에서 매우 중요할 것이다. 일본은 현재 한국이 겪고 있는 저출산-학령인구 감소와 지역 공동화 현상을 1990년대부터 이미 경험해왔고, 이러한 문제를 해결하기 위해 지역 소재 대학의 발전을 위해 노력해왔다는 점에서 한국에 중요한 시사점을 제공한다.

일본에서는 2013년부터 대학과 지역의 연계와 협력을 위해 지역과 지식을 의미하는 '지(地(知))의 거점정비사업', 약칭으로 'COC(Center of Community)' 사업이 시작되었다. COC사업은 매년 공모를 진행하여 사업선정위원회의 심사를 통해 채택된 사업에 보조금을 지원하는 방식으로 운영된다. 지역 문제와 관련된 교육, 연구, 사회공헌 활동을 이행하기 위해 지역대학이 지자체와 연계하여 다양한 사업을 수행한다. 대학 내 전담 조직을 마련하고 학교 전체의 교육 커리큘럼과 교육 조직의 개혁을 시도하는 등 전 학교 차원에서 시행되는 사업이며, 대학과 지자체 간의 긴밀한 협력 관계를 토대로 지자체의 실질적인 지원체계를 구축하는 기반을 마련하는 사업이다.

역사적으로 볼 때 일본에서도 대학과 지역이 지속적으로 협력해온 것은 아니었다. 그러나 학령기 인구 감소, 지방도시 쇠퇴, 저성장, 시민사회 성숙 등으로 대학이 가진 자원을 마을 만들기와 지역 재생에 활용해야 한다는 요구가 높아졌다. 특히 2000년 '지방분권일괄법' 시행으로 지방분권이 가속화되고 지역 자생력이 강조되면서 인재와 지식이 모여 있는 대학의 존재가 부각되었다. 대학 입장에서도 학령기 인구 감소, 국립대학 법인화 등으로 대학 경쟁력 확보 차원에서 지역이 중요해졌다.

일본의 중앙정부 차원에서도 대학과 지역의 연계 강화 정책이 추진되었다. 대표적으로 2001년 설치된 내각관방 도시재생 본부의 주요 사업 중 하나는 '도시 재생 프로젝트'였는데, 이 중 20번째 정책 주제가 '대학과 지역의 연계 협동에 의한 도시 재생 추진'이었다. 그리고 2005년 시행된 전국 도시 재생 모델 조사에서 '대학이 중심이 된 마을 만들기 전개'가 공통된 주제 중 하나로 선정되었고, 전국 여덟 개 지역에서 '대학과 지역이 연계한 마을 만들기 워크숍'이 개최된 적이 있었다.

이러한 흐름 속에서 2005년 '대학과 지역의 연계 협동에 의한 도시 재생 추진' 정책이 선정되고 도시 재생에 있어서 대학 자원의 활용이 국가 정책 과제로 추진되었다. 이를 위해 대학과 지역의 연계 강화에 의한 마을 만들기 방법 추진, 실천적인 사회인 육성 추진과 사회 활동 참가 촉진, 유학생과 외국인 연구자 등을 위한 환경 정비와 시민과의 교류 촉진, 시민에게 개방된 대학과 녹지의 확보 등 마을 만들기와 조화된 대학 캠퍼스 형성, 마을 만들기에 적합한 대학과 지역의 연계를 촉진하기 위한 체제 정비와 같은 다섯 가지 세부 과제에 대해 관계 부처들이 시책(施策)을 제안하도록 하였다.

한편 문부과학성은 지역 재생과 활성화의 거점이 되는 대학 형성을 목표로 하는 대학 COC사업이라는 보조금 지원사업을 시행하였다. 대학 당 최대 5800만 엔(약 5억 6천만 원)을 최대 5년간 지원하는데, 2013년 총 52건(예산 23억 엔), 2014년 총 25건(예산 34억 엔)의 사업을 지원하였다.

문부과학성은 2015년부터 사업명을 대학 COC+로 변경하였다. COC+사업은 교육 커리큘럼 개혁을 통한 지역 인재 육성과 지역 일자리 창출에 중점을 두었으며, 전체 예산 44억 원으로 대학 당 최대 6800만 엔(약 6억 6천만 원)을 최대 5년간 지원하도록 되어 있다. COC+를 통해 현재 일본의 대학들은 지방자치단체 등 지역 주체들과 밀접한 사업을 다양하게 시행하면서 대학 특성에 맞춘 많은 우수 사례를 만들어내고 있다.

대학-지자체-공공기관 연계 강화를 통한 지역미래인재 트리플-윈(triple-win) 모델

지역 발전을 위해서는 지역에 우수 인재들이 유출되지 않고 지역에 정주하여야 함에도 불구하고, 현재 지역의 우수 인재들이 수도권으로 대거 유출되고 있다. 지역의 우수 고졸자들이 수도권 대학으로 진학하면서 지역 우수 인재들의 1차 유출이 발생하고, 수도권 대학으로 편입하거나 지역대학 졸업 후 수도권 지역으로 직장을 다니면서 2차 유출이 발생하고 있다. 지역 인재의 이러한 유출로 인해 지역 발전은 더욱 어려울 수밖에 없다. 수도권 지역으로 사람과 자본이 더욱 집중함으로써 국가의 불균형 발전이 확대 재생산되어, 지역 발전은 물론이고 국가 발전 역시 어려움에 처해 있는 것이 현실이다.

내가 참여한 연구 결과에 의하면 수도권 대학으로 진학한 지역의 우수 고졸자들의 대부분이 고향으로 가지 않고 수도권에서 직장을 구하고 있어, 지역의 우수 인재가 지역에 정주하도록 지원하려면 1차 유출부터 막는 것이 중요하다. 그런 점에서 지역의 인재가 지역대학에 입학하고 이들이 지역의 좋은 일자리에 취업하도록 하는 사업 개발이 시급하다고 할 수 있다. '지역 우수 인재의 유출 → 지역대학 경쟁력 저하 → 지역대학 졸업생의 브랜드 가치 저하 → 좋은 일자리 기업의 지역대학 졸업생 채용 기피 → 지역 우수 인재의 유출 가속화'라는 악순환의 고리를 끊어야 한다. 그리고 '지역 우수 인재의 지역대학 입학 → 지역대학 경쟁력 강화 → 지역대학 졸업생의 브랜드 가치 상승 → 좋은 일자리 기업의 지역대학 졸업생 채용 선호 → 지역 우수 인재의 지역 정주 확산'이라는 선순환 체계를 구축할 필요가 있다.

내가 몇 년 전부터 제안해왔던 트리플-윈 사업은 지역대학과 지방자치단체 그리고 지역의 좋은 일자리 기관(기업)들이 연계하여 지역의 우수 인재들이 수도권으로 유출되지 않고 지역에 정주하게 유도함으로써 '우수 학생-지역대학-지역의 좋은 일자리 확보 기관(기업)' 3자가 모두 윈(win)하여 지속 가능한 지역 발전을 실현하는 데 목적이 있다.

사업 주체는 지역대학, 지방자치단체, 지역의 좋은 일자리 확보 기관(공공기관, 민간기업)이며, 사업 대상은 지역대학 신입생과 재학생이다. 사업 대상에 따라 두 개의 사업 유형으로 구분할 필요가 있다. 먼저 신입생을 대상으로 하는 사업인데, 이는 일정 성적 이상이 되는 지역의 우수한 고교 졸업생들 혹은 특정 능력을 갖춘 고교 졸업생들을 대상으로 해당 지역대학으로 입학할 경우 등록금 전액과 생활비 지원, 지역 내 공공기관 등 좋은 일자리 제공에 대한 획기적인 지원책을 담은 사업이다. 중앙정부와 지방자치단체와 참여 대학이 재원을 투입하고 지역대학과 지역 내 공공기관 등 좋은 일자리를 제공하는 기업 간에 '지역미래인재 장학생' 채용 약정을 위한 MOU 체결을 필수화한다. 그럼으로써 우수한 지역 인재들이 수도권으로 유출되지 않고 지역대학에 입학하고 졸업 후에도 지역에 정주할 수 있도록 하는 사업이다. 앞의 필수 조건을 충족한 대학들을 대상으로 국가 재정을 지원하되 대상 대학들의 지원 내용과 규모 등을 고려하여 대학별 인원수를 정하도록 한다.

두 번째는 재학생을 대상으로 지역대학이 지역 내 공공기관 등 좋은 일자리를 제공하는 기업과 인력 양성 MOU를 맺어 맞춤형 인력 양성과 직장 이동을 원활하게 하는 사업이다. 신입생 대상 사업과 마찬가지로 지방자치단체의 매칭펀드, 지역대학-지방자치단체-지역 내 좋은 일자리 제공 기관 간의 인력 양성과 취업 지원 MOU 체결을 필수화한다. 지방대학과 지자체, 공공기관이 협업하여 상생 발전할 수 있도록 공동 기획하고 추진하는 지역 인재 양성과 일자리 사업의 확대가 필요하다. 지역대학은 인력 양성을 위한 인프라를 제공하고, 지자체와 공공기관은 지역대학 학생들이 재학 시 공공 부문과 지역 기업이 연계된 지역 혁신 프로젝트를 통해서 인턴십에 참여할 수 있도록 기회를 제공한다. 그리고 졸업 후에 취업 연계형 모델을 통해 지역에서 일자리를 찾고 정주할 수 있는 여건을 제공하도록 한다.

이 프로그램에 참여하는 좋은 일자리 기관(기업)은 대학과 협력해서 '지역미래인재 장학생'을 대상으로 재학 중에 인턴 참여를 포함하여 약정 채용자에게 적절한 능력 개발 기회를 제공함으로써, 기관(기업)이 요구하는 인재로 양성하여 활용하는 기회를 얻을 수 있다. 특히 청년 고용난이 지속되고 있는 현 상황에서 구태여 고향을 떠나 수도권 대학에 입학해서 높은 생활비를 부담했지만 좋은 일자리 취업이 어려운 경우에 이 사업의 효과는 더욱 클 것으로 기대된다. 즉 이 사업은 우수 인재 - 지역대학 - 지역의 좋은 일자리 확보 기관(기업)이 모두 윈(win)하는 사업이다.

계층 격차 완화하는 교육 공약 나와야

약 10년 전에 부산을 떠나 교육부에서 일할 때였다. 모처럼 휴가를 얻어 부산의 지인들과 제주공항에서 만나기로 되어 있었고, 제주공항 대합실에 도착해 반갑게 인사를 나누는 순간 모바일 폰이 울렸다. 비행기에서 내리면서 폰을 켰을 때 전화가 상당히 많이 와 있어 이상하다 싶었는데 바로 교육부로 와야 할 것 같다는 전화였다. 노무현 대통령이 특목고 관련 사안을 심각하게 생각하고 교육부에 대응책을 지시하셨다는 내용이었다. 어쩔 수 없이 공항 주차장에서 부산의 동료들과 '만나자마자 이별 인사'를 나누고 어렵게 항공권을 구해 서울로 향했다. 제주에 도착해서 이렇게 빨리 제주를 떠난 사람이 또 있을까 싶었다.

곧 교육부 차관을 중심으로 한 특목고 대응팀이 만들어졌고 매일 아침마다 회의가 열렸다. 특목고가 설립 목적과 달리 운영되고 있을 뿐만 아니라 초중등 학교 운영 전반을 비정상적으로 만들고 있어서 이에 대한 해결 방안을 마련하기 위한 회의였다. 특수 목적을 위해 설립된 외고 졸업생의 다수가 외국어와는 퀸련 없는 학과로 진학했고, 의과대학으로 진학한 과학고 졸업생들도 적지 않았다. 많은 특목고는 오로지 더 좋은 대학에 입학하기 위한 수단으로 활용되고 있었으며, 그러다 보니 좋은 대학에 입학하려는 우수 중학생들을 거의 싹쓸이하는 상황이었다.

학생 수로는 전체 고등학생의 몇 퍼센트 되지 않는 특목고 학생들이지만, 이들의 상당수는 이른바 SKY대학에 입학, 졸업한 후 사람들이 선망하는 직업을 가지는 것으로 나타났다. 특히 당시 사법고시, 행정고시, 외무고시 합격자들의 상당수가 특목고 출신이었다. 이미 이들은 한국 사회의 주도 세력을 형성하고 있었고 이대로 가면 이 현상은 더욱 강화될 것임에 틀림없었다. 새로운 최상위 계층이 이미 고등학교에서 만들어지고 있었다. 고등학교 유형에서 가장 핵심적이어야 할 일반고는 특목고에 들어가지 못한 학생들이 가는 학교로 낙인 찍혀 있었다. 그리고 이 모습이 중학교에 그대로 전달되면서 중학교에서 학업능력이 우수한 학생들은 특목고에 들어가기 위한 준비에 전력하는 상황이었다. 더 나아가 이미 초등학교에서부터 특목고 진학을 준비하는 모습도 나타나고 있었다.

이러한 학교 계층 구조는 고등학교 단계에서 견고하게 구축되었다고 해도 과언이 아니었다. 어느 것이 먼저인지에 대해서는 논란의 여지가 있다. 하지만 학생들이 선호하는 유명 대학들은 때로는 변칙적인 입시 전형 방법으로 특목고 학생들을 많이 선발하기 위해 노력했기 때문에, 이러한 현상으로 특목고 인기는 전례 없이 높아지고 있었다. 이제 일반계 고등학교는 더 이상 주류가 아니었다.

일반계 고등학교를 주축으로 하면서 특정 재능을 가진 학생들을 선발하여 그 재능을 키워보자는 의도에서 예외적으로 만들어진 특목고는, 본말이 전도되어, 고등학교 체계를 비정상적으로 만들고 더 나아가 초중교육까지 왜곡하고 있다는 것이 당시 판단이었다. 그러나 정권 마지막 해에 이것을 정상화하기에는 역부족이었다. 더구나 이 왜곡은 노무현 정부에서 시작된 것이 아니라 이전 정부들이 진행해온 사안이었다. 비록 해결책을 만들더라도 남은 짧은 기간 동안 시행할 방법도 없어 다음 정부에서 해결되길 기대하는 수밖에 없었다.

그러나 이명박 정부는 인수위 때부터 형평성보다 수월성을 강조하였다. 그리고 '교육의 자율'이라는 명목하에 특목고 설립을 확대하였고, 자립형 사립학교라는 새로운 학교를 설립하여 일반계 고등학교를 더욱 궁지에 몰아넣었다. 인수위원장의 '오렌지' 영어 발음 에피소드는 참 많은 것을 담고 있었다. 이명박 정부와 박근혜 정부로 넘어오면서 고등학교 간의 위계는 더욱 강고해졌고, 어느 학교 유형에 속하는지에 따라 학생들의 사회 진출 후 계층이 결정되는 경향 또한 더욱 강해지고 있었다. 또 하나의 문제는 부모 간의 격차가 자녀 간 격차를 확대 재생산하는 구조였다. 특목고와 자립형 사립학교 학생의 부모는 일반계와 특성화고 학생의 부모보다 경제력과 사회적 지위가 훨씬 높았다.

4차 산업혁명을 이끌 인재를 양성하는 것은 물론 교육의 중요한 역할이다. 교육은 개인, 조직, 국가의 미래를 위한 중요한 투자 대상이기 때문이다. 동시에 교육은 계층 간 격차를 완화하기 위한 핵심 요소가 되어야 한다. 특히 계층 간 격차가 심해지고 이것이 국가 발전과 국민 통합을 힘들게 하고 있는 지금 시점에서, 교육 정책의 목표는 계층 간 격차를 완화하는 데 더 우선순위가 부여되어야 한다. 4차 산업혁명이나 미래를 얘기하는 교육 공약도 필요하지만, 계층 간 격차를 확실하게 완화하는 교육 공약이 더 기다려지는 이유다.

'선생 김봉두'
폐교의 유혹

'대단해요'

이는 모 방송국 인기 프로인 〈개그콘서트〉에 나오는 한 코너의 이름이다. 이 코너는 시골 학교 선생님과 학생들 간에 벌어지는 에피소드를 다루고 있는데, 영화 〈선생 김봉두〉를 패러디한 것이다.

물의를 일으켜 강원도 산골 분교로 발령받은 선생 김봉두. 서울로 돌아가기 위해 폐교 작전에 나서지만 선생님의 속을 전혀 몰라주는 전교생 다섯 명은 선생님의 모든 행동과 말에 '선생님, 대단해요!'라는 열정적인 경의만을 보낸다.

학생들을 다른 곳으로 이사하게 하여 학교의 문을 닫으려는 선생 김봉두에게 뜻하지 않은 기회가 온다. 바로 학교 부지에 서바이벌 게임장을 만들기 위해 폐교를 유인하려는 사람이 선생 김봉두에게 은밀히 접근한 것이다. 적어도 사업가와 김봉두 선생 사이에는 분명 윈-윈 게임의 조건은 형성되었다. 학생들의 희생 위에서 말이다.

자본의 힘이 학교, 더 나아가 교육을 몰아내려는 현상은 이처럼 영화에서만 나오는 장면은 아닌 것 같다. 얼마 전 서울의 모 대학이 교육용 토지를 수익용 토지로 용도 변경하는 과정에 의혹이 있었다는 보도가 나온 바 있다. 그리고 그 땅에 서울 강북 최고의 주상복합아파트가 건축된다고 한다. 그 과정에서 어떠한 의혹과 부정이 있었는지는 모르겠지만, 자본의 힘이 이미 학교와 교육 현장 깊숙이 들어온 것은 분명하다.

개발의 논리, 자본의 논리가 지배하면서 학교와 교육의 논리가 위협받고 있다. 이맘때쯤이면 연례행사처럼 등장하는 기사 하나가 있다. 초중등학교의 신설 사업이 난항을 겪고 있다는 기사다. 올해도 예외 없이 대규모 주택 단지 건설이 진행되면서 학생들이 다닐 학교 부지 확보가 대단히 어렵다는 기사가 보도되고 있다. 어떻게 학교 부지의 확보 없이 대규모 아파트를 건축하는 것이 가능하다는 말인가? 교육이 중요하지 않으니까 과밀 학교에 다니라는 얘기인지, 아예 자기 아파트에서 알아서 공부를 하라는 얘기인지 도무지 이해가 되질 않는다.

자본에 의해 위협받는 시장은 초중등 교육시장뿐만이 아니다. 앞에서 언급한 서울 모 대학의 사례에서 알 수 있듯이 대학 교육시장에도 이미 현실화되고 있다.

청년 인구의 급격한 감소로 대학 정원 미달 사태가 발생하고 있다. 그런데 더욱 심각한 문제는 대학 입학자원의 감소 현상이 이제 시작에 불과하다는 점에 있다. 대학 정원이 그대로 있다고 가정하면, 2004년에 대학 입학 대상 연령인 18세 인구는 대학 정원보다 더 적으며, 이후 5년 동안 정원 미달 인원수는 더욱 늘어날 것으로 전망된다. 그 이후 몇 년 동안 약간이나마 대학 정원보다 지원 수가 많겠지만, 2016년부터 다시 역전되어 2030년에는 현 대학 정원의 73%로 감소할 것으로 전망하고 있다.

이 과정에서 학교 입지, 취업 등에서 경쟁력을 갖지 못하는 대학은 입학생들의 절대 부족으로 사실상 학교를 운영하기 어려운 상황에 빠질 것이다. 그리고 지금까지 기업들에게 적용되었던 인수합병(M&A) 논의가 대학시장으로 확산될 것이다. 이미 정부도 대학의 구조 조정, 특히 인수합병과 퇴출에 대한 연구를 본격적으로 진행하고 있다.

심각한 위기를 맞으면서 이제 대학은 거대 자본의 관심 대상으로 더욱 부각될 것이다. 그리고 선생 김봉두가 경험했던 것처럼 '교육의 이름이 아니라 자본의 이름'으로 학교가 구조 조정되는 위기를 맞을지도 모른다. 즉 학교가 수익사업을 활용하는 것이 아니라 수익사업이 학교를 이용하는 현상이 발생할지도 모를 일이다.

이러한 시점에 초중등학교의 신설과 폐교, 대학의 구조 조정 원칙으로 자본의 논리가 아닌 교육의 논리를 명확히 설정하는 작업은 대단히 중요하다. 개발 이전에 학교를 생각하고, 사업가 이전에 학생을 생각해야 한다. 영화는 학교와 선생님에 대한 학생들의 눈물 어린 애정이 '선생 김봉두'를 '김봉두 선생님'으로 만들면서 끝을 맺고 있다. '선생 김봉두'가 '김봉두 선생님'이 되어야 하고, 그리고 될 수 있다는 철학과 믿음이 절실히 요구되는 시점이다.

OECD 지역대학 프로젝트가 준 교훈

벌써 15년 전의 일이다. 김광조 당시 교육부 국장으로부터 OECD에서 지역대학에 관한 국제 프로젝트를 진행하고 있는데, 이 프로젝트의 한국 책임자를 맡아줬으면 한다는 연락을 받았다. OECD의 프로젝트는 세밀한 체크리스트를 바탕으로 정제된 자료를 가지고 국가 간 비교를 하는 걸로 정평이 나 있는 데다, 1년이 아니라 장기에 걸친 프로젝트라 쉽게 결정을 내릴 사안이 아니었다. 그래서 우선 OECD가 우리에게 요구하는 것이 무엇인지 계획서를 보내달라 해서 받아봤더니, 한국에는 통계 자료가 거의 없는 것으로 적혀 있어서 매우 난감했던 기억이 난다. 프로젝트 제목은 '지역 발전을 위한 대학의 역할'이었으므로 지역대학에 관한 통계들을 상당히 갖추고 있지 않으면 수행하기 어려운 프로젝트였다.

이미 OECD는 1990년대 후반부터 회원국 중 12개 지역을 대상으로 5년 넘게 '지역 발전을 위한 대학의 역할' 프로젝트를 실시하고 있었다. 2단계 작업으로 한국의 어느 지역을 넣고 싶다는 요청이 OECD로부터 있었고, 김광조 국장은 이번 기회에

OECD 회원국들의 지역대학 역할을 벤치마킹하고 우리 지역대학의 향후 방향도 정립해보자는 생각으로 한국도 참여하는 것이 좋겠다는 판단을 하고 있었다. 우리나라는 부산 지역이 좋겠다고 결정하여 부산에 있는 내게 연구 책임 역할을 부탁한 것이었다. 그러나 OECD에서 참여 지역에 대해 요구한 기초 자료 목록에는 '지역 대학생들의 출신 지역 분포', '졸업 후 진출 지역 분포', '교육과 연구 그리고 봉사 영역에서의 지역 발전을 위한 역할 실태' 등 당시 우리는 정리한 적이 없는 자료들 일색이었다. 설사 새로 만드는 작업을 하더라도 쉬운 작업이 아니었다. 한차례 사양했으나 김광조 국장의 거듭된 요구도 있었고, 이번 기회에 부산에 있는 대학들의 실태를 정확히 분석하고 OECD의 고등교육 전문가들에게 자문도 한번 받아보자는 생각으로 용기를 내게 되었다.

2004년 말에 부산이 한국을 대표해서 OECD의 '지역 발전을 위한 대학의 역할' 프로젝트에 참여하는 지역으로 선정되었다. 이른바 OECD의 2기 '지역 발전을 위한 대학의 역할' 프로젝트에는 한국의 부산을 포함해서 OECD 회원국 중 12개 국가에서 14개 지역이 참여하였다. 아시아 국가 중에는 부산이 유일하였다. 부산이 연구조사 지역으로 정해진 후 2005년 1월과 3월 프랑스와 덴마크에서 열린 회의에 참석했는데, OECD가 원하는 보다 세부적인 자료 내용을 보고 과연 이를 해낼 수 있을까 다시 회의가 들 정도였다. 당시 10% 정도의 자료를 낼 수 있을까 싶었다. 한국은 모누 일곱 명으로 연구팀이 구성되었는데, 부산

지역 대학 교수들이 중심이 되었다는 점에서 향후 이 팀이 부산은 물론이고 전국의 지역대학 연구에 큰 역할을 할 수 있다는 의의가 있었다. 실제로 이 연구진들은 현재 지역대학 연구와 정책 영역에서 상당한 기여를 하고 있다.

이후 12개 부산지역 대학들을 대상으로 설문조사, 인터뷰, 자료조사를 하여 '부산지역 대학들의 기여도 분석'이라는 보고서를 OECD에 제출하였고, OECD 리뷰팀은 부산지역 방문과 리뷰 보고서를 통해 '지역 발전을 위한 부산지역 대학들의 역할 제고 방안'을 제시하였다. 당시 국내 연구진의 설문조사와 인터뷰 지원은 물론이고 OECD 리뷰팀의 대학 현장 방문에 적극적으로 협조해준 대학들이 너무 고마웠다. 연구진이 힘들었던 만큼 OECD가 요구한 자료 구축이 대학으로서는 새로운 작업이었는데, 기꺼이 함께해준 대학들에게 다시 한 번 감사드리고 싶다.

OECD 프로젝트에 참여하면서 몇 가지 배운 게 있다. 먼저 지역대학은 교육, 연구, 봉사 영역에서 지역 발전의 핵심 기관으로 자리매김해야 한다. 이를 위해 지역대학, 지자체 그리고 지역 주민들이 함께 지역대학 발전을 위해 노력해야 한다는 점이다. 다음으로, 지역대학의 발전을 위해서는 개별 대학의 노력도 중요하지만 지역대학들이 함께할 때 시너지를 얻을 수 있다는 점이다. 조만간 학령인구 급감으로 지역대학들이 더욱 위기에 빠지는 상황에서 지역대학들 간의 협력은 더욱 중요해질 것이다. 그리고 OECD 프로젝트의 수행 방식을 부산, 더 나아가서 우리나라 전체 연구에 도입할 필요가 있다는 점이다. '프로젝트 수행에 필요한 체크리스트 작성과 제공 → 체크리스트에 맞는 자료 구축과 분석 → 분석 대상 지역이 스스로 만든 보고서 제출 → 자체보고서에 대해 전문가로 구성된 리뷰팀의 평가 → 실태와 개선 방안을 담은 최종보고서 완성'이라는 절차는 매우 체계적이고 세부적인 사안을 담고 있어 성과를 극대화할 수 있는 방식이었다. 이러한 방식을 우리에게도 적용하는 것이 필요하다.

2005년 12월에 OECD 리뷰팀이 부산시에 방문하여 부산시와 대학 대표들과 회의를 한 적이 있었다. 그때 참석했던 부산일보 기자가 회의를 마치고 바로 인터뷰를 하자고 요청했다. 이런 프로젝트에 대해 알려진 바가 별로 없어 모르고 있다가 회의에 참석하면서 기사화해야겠다는 생각을 한 것 같은데, 인터뷰 기사를 다시 보니 마지막 문장이 눈에 들어온다.

"류 교수는 이번 OECD 프로젝트 수행이 위기에 처한 지역대학과 지자체가 상생할 수 있는 계기가 될 것으로 확신하고 있다. 그래서 연구 내용의 실행과 타 지역 확산을 위한 방법을 찾기 위해 다시 머리를 싸매고 있다."

지방대학,
발전해야 할 이유

20년 전 지방대학은 어떠했을까?

1980년대 초까지만 해도 지방대 입학생들의 학력 수준이 지금과 비교하여 매우 높았다는 사실을 오십 줄 넘은 사람들은 잘 알고 있다. 특히 지방 국립대의 입학 성적은 요즘 학생들이 선망의 대상으로 열거하고 있는 서울 소재 대학들의 입학 성적과 동일한 그룹에 있었다는 것은 전설적인 얘기가 아니다. 얼마 전 서울의 유명 학원 입시 담당자가 20여 년 전의 어느 낡은 '대학별 합격 예상 성적표'를 TV 화면에 보여주면서 이것이 사실임을 알려준 바 있다.

20년 후 우리의 지방대학 모습은 어떠할까?

지금은 전설로만 전해오는 옛 영광을 회복할 것인가, 아니면 차라리 지금의 모습을 그리워할 정도로 더욱 악화된 모습으로 나타날 것인가? 지난 30년간의 변화를 겪은 대부분의 사람들은 후자일 것이라고 판단한다면 지나친 주장일까?

얼마 전 부산지역 고교생들의 76%가 서울 소재 대학에 진학하길 희망한다는 설문조사 결과가 보도된 바 있다. 그리고 입시철을 맞은 지금, 각종 언론들은 학생들이 지방대학을 기피하고 있으며, 그로 인해 지방대학들이 학생 모집을 위해 상상을 초월하는 아이디어들을 개발하고 있다는 사실을 계속 보도하고 있다.

지방대를 지금과 같은 위기 상황으로 몰아넣은 결정적 요인들은 과연 무엇일까?

우선, 핵심적 환경 요소로서 수도권 일극주의에 기초한 국가 발전 전략의 지속적 추진을 들 수 있다. 정치, 경제, 사회, 문화 전 영역에서 수도권과 지방 간에 큰 격차가 발생하였으며, 이러한 격차는 더욱 확대되는 추세를 보이고 있다. 그 결과 지방에는 좋은 일자리가 부족할 수밖에 없어 지방의 인재들은 줄을 이어 수도권으로 떠나고 있다. 지방의 고등학교를 졸업한 학생들이 수도권 대학으로 진학하고 있고, 지방대에 진학한 학생들이 수도권 대학으로 편입하고 있으며, 지방대의 우수 졸업생들은 일자리를 얻기 위해 수도권으로 생활 영역을 바꾸고 있다.

둘째, 대학 교육시장에서 공급 과잉을 유발한 제도적 실패는 지방대 위기를 더욱 악화하고 말았다. 1981년의 졸업정원제 도입, 1994년의 대학정원자율화 정책, 1996년의 대학설립준칙주의 그리고 각종 선거에서의 대학 설립 공약으로 대학 교육시장은 사실상 진학희망자보다 정원이 더 많은 공급 과잉 시장이 되었다. 그리고 공급 과잉의 고통을 최전면에서 받고 있는 대학이 바로 지방대학이다. 2003년 대학 미충원율의 경우 수도권이 1.3%인데 비해 지방은 무려 18.3%이다. 지방 전문대의 미충원율은 25.7%, 지방 4년제 대학의 미충원율은 12.9%로 정원 미달의 모습은 이미 지방 4년제 대학에게도 현실로 다가왔다.

셋째, 지방대 스스로 자구 노력이 부족한 점을 언급할 수 있다. 대학 교육시장의 초과 공급 상황은 인구 구조 변화에서 볼 때 쉽게 예측 가능한 것이었음에도 불구하고, 신규 대학 설립과 정원 확대에 심혈을 기울인 대학 운영자들의 책임 역시 회피할 수 없을 것이다. 그런 점에서 생존하기 위해 최선을 다하지 않거나 최선을 다하더라도 생존하기 어려운 지방대학을 시장에서 퇴출하는 것은 불가피하다.

지방대가 위기 속에 있다는 것은 모든 국민들이 잘 알고 있는 사실이다. 그리고 지방대 주체들은 물론이고 이번 참여정부 역시 지방대를 살리기 위해 각종 방안들을 내놓고 있다. 반면에 서울을 중심으로 한 수도권 대학 주체들은 역차별을 주장하면서 동시에 지방대 발전에 투입하는 재원들의 비효율성을 부각하고 있다. 얼마 전 어느 학회에서 수도권 대학 교수들이 내놓은, '수도권 집중에 의한 긍정적 효과를 보면서 지방대 살리기' 정책이 예상보다 심각한 난초에 부딪칠 가능성이 매우 높다는 것을 확인할 수 있었다.

그러면 과연 지방대는 왜 발전해야 하는가?

지방대 위기가 미치는 악영향이 도대체 무엇이기에 지방대 발전에 더욱 많은 예산과 인력을 투입해야 하는가? 지방대 지원에 대해 참여정부는 지방대학의 경쟁력을 강화하여 지역 혁신 역량을 제고할 수 있고, 이를 기반으로 지역의 경제와 사회 발전을 선도할 수 있다는 논리에 기초하고 있다. 참으로 좋은 논리로 보이지만 대단히 위험한 논리일 수도 있다. 이 논리에 의하면 지방대 발전을 위해 각종 지원을 했음에도 불구하고 지방이 발전하지 않으면, 지방대 발전 전략을 포기해야 한다는 식의 결론으로 연결될 수 있다. 지방대에 너무 가혹한 책임을 부여하는 것은 아닌가?

지방대의 발전 이유를 거창한 곳에서 찾아야 하는 것은 아니다. 지방에 초중등학교가 있어야 하고 더 나아가 교육의 질을 제고하기 위해 많은 지원을 해야 하는 것은 '지역 발전의 근간'이라는 거창한 곳에 있는 것이 아니라, 지역 주민들에 대한 교육 기회 제공이라는 '국가의 기본적 책임'에 있다. 이것을 우리는 '사회적 형평성'이라고 해도 좋겠다. 초중등 학생들이 해당 지역에 학교가 없거나 교육 환경이 열악해서 먼 곳으로 통학하거나 유학하게 해서는 안 되는 것과 마찬가지로, 이미 대중 교육이 된 대학 역시 해당 지역에서 자생력을 가지고 지속적으로 발전할 수 있도록 해야 한다는 원칙은 철저히 지켜져야 한다. 이 원칙하에서 지방대학을 지역 발전의 핵심 주체로 설정하는 논리가 들어온다면 지방대학 지원의 당위성은 더욱 강화될 수 있을 것이다.

'지방대'는 '지역 소재 대학'으로 명칭이 바뀌어 사용되고 있다. 지방대학 관계자들이 이류, 삼류라는 의미로 바뀌어버린 '지방대' 사용에 대한 반대 견해를 강하게 피력했기 때문이다. 지방 스스로 지방임을 부정하는 지금의 시대. 이를 극복하고 20년 후 우리 스스로 지방인임을 자랑스럽게 얘기할 수 있고, 서울시민 역시 지방인으로 불리기를 원하는 시대를 만드는 것은 21세기에 또 하나의 중요한 과제다.

'이제 발전의 물결을 지방으로 돌려야 한다.'

지방 국립대 발전은 과연 가능한가

지방 국립대 문제가 연일 신문 지면을 장식하고 있다. 민주통합당 일부 대선 후보들과 정책위 의장의 지방 국립대를 살려야 한다는 취지의 발언이 알려지면서, 여야 정치권은 물론이고 언론기관들이 총동원되는 형국이다. 지방 국립대 발전 공약이 화제가 된 것은 '서울대를 폐지하고 지방 국립대를 발전시킨다', '서울대와 지방 국립대를 연합하여 지방 국립대를 서울대 지방 캠퍼스로 한다'는 등 서울대가 무대 전면에 등장했기 때문일 것이다. 거기에다 대선 표 계산까지 들어가다 보니 정작 지방에서는 조용한데 서울에서 더 난리인 듯하다.

졸업생들에게 좋은 일자리 제공이 관건

지방 국립대를 발전시키겠다는 얘기를 지역 주민들, 특히 지방 국립대 식구들이 주체가 아니라 객체로서 구경하고 있는 것은 기분 좋을 리 없지만, 주연이든 조연이든 지방 입장에서는 나쁘지만은 않다는 생각이 든다. 그나마 감지덕지라고 생각되는 건 지방 국립대가 지난 수십 년 동안 발전은커녕 쇠락의 길을 줄곧 걸어왔기 때문이다. 참 슬픈 현실이다.

나는 올해 '부일시론'을 통해 지방대 문제를 두 번이나 제기한 적이 있다. '지방대 졸업생, 버려진 자식들인가'(2012년 2월 1일자)에서는 그동안 수도권 대학 졸업생에게 치이던 지방대 졸업생이 이제는 특성화고 졸업생에게도 치일 수 있다는 한탄의 내용을 담았고, '이젠 인재의 물결을 지방으로'(2012년 5월 23일자)는 우수 인재가 고향에 남아 지역도 발전시키고 개인 행복도 찾자는 취지의 글이었다. 두 글에서 나는 지난 수십 년 동안 지방 국립대가 얼마나 추락했는지 소개했다. 수능 점수의 백분율에서 지방 국립대가 얼마나 낮아졌는지를 보였고, 그나마 남아 있던 지방대의 우수 졸업자들이 수도권으로 유출되고 있는 현실을 얘기했다.

이후 지난 몇 개월 동안 도대체 지역의 인재들이 얼마나 유출되고, 어떤 인력들이 유출되고 있는지 명확히 보고 싶었다. 뻔한 얘기라도 이것이 수치로 나타난다면 그리고 그 수치가 충격적이라면, 유출 방지 방안을 중앙정부와 부산시가 적극적으로 마련할 것이라는 믿음이 깔려 있었다. 2008년 8월과 2009년 2월의 대학 졸업자를 대상으로 분석한 결과는 가히 충격적이다. 고교 졸업자와 대학 졸업자를 대상으로 한 분석에서 부산지역의 순유출자 수는 이 기간 9천 663명이었고, 이러한 순유출로 인해 1년에 2조 7천억 원 이상의 경제적 유출이 발생하였다. 이 수치를 보면 부산 지역총생산의 4.6%가 외부로 유출되는 것으로 추정할 수 있다. 그리고 부산지역 대졸자 중에서는 국립대 졸업생의 유출 규모가 사립대 졸업생보다 월등히 높았다. 우수 인력이 대거 부산을 떠나버린 것이다.

이런 결과는 우리에게 지방 국립대 발전이 필요하지만 그 전제가 있다는 점을 잘 보여주고 있다. 아무리 지방 국립대가 세계적 수준으로 발전하고 우수한 학생들이 몰려들더라도 이들에게 제공될 괜찮은 일자리(decent job)가 그 지역에 없다면, 지방 국립대 발전으로 인한 효과를 지역에서 누릴 수가 없다. 또한 지방 국립대에 대한 다른 지원이 아무리 많아도 지방대 출신이라는 낙인 효과가 존재하여 노동시장에서 불리한 위치에 있게 된다면 지방 국립대가 우수한 학생들을 모집하기란 매우 어렵다. 지방 국립대의 발전과 우수 학생 유치는 지방대 졸업생을 대상으로 하는 (지방)공무원 채용할당제와 대기업 채용촉진제, 지방 국립대 입학생을 대상으로 하는 대학 교수 혹은 연구원 채용약정제 등 지방 국립대 졸업생에 대한 특단의 일자리 지원제도가 병행되어야 가능하다.

'고향에서 사는 삶'

'저녁이 있는 삶'이라는 어느 대선 후보의 슬로건이 화제다. 세계 최장 노동시간을 오랫동안 기록해왔던 한국적 상황에서 일중독에 빠질 수밖에 없는 우리들에게 가슴으로 다가오는 슬로건인 것 같다. 이 슬로건을 들으면서 1990년대 말 미국 노동부가 21세기 과제를 '식탁에서 식사하는 사회', '천장을 보고 자는 사회' 만들기로 적어 놓은 보고서가 문득 기억이 났다. 경쟁이 심해지다 보니 걸으면서 식사하고, 의자에 앉아서 자는 사회가 될 것을 예상한 결과다. 인상이 깊어 10여 년 전에 신문 등에 몇 번 쓰기도 했다. 고향집의 식탁에서 식사하고, 고향집의 천장을 보고 자는 사회, 즉 '고향에서 사는 삶'은 지방에 좋은 일자리가 많고, 지방에 좋은 대학들이 많아야 가능하다.

지방대학의 현주소와 발전 방안

OECD는 1990년대 말부터 '지역 발전을 위한 대학의 역할'이라는 국제 프로젝트를 지속적으로 수행해왔다. OECD는 지방대학이 해당 지역의 교육, 연구뿐만 아니라 사회, 문화 등 다양한 영역에서 주도적인 역할을 수행함으로써 지역 발전을 추진할 과제를 안고 있다고 판단하였다. "지방대학은 '지역 안(in)'에 있는 대학이 아니라, '지역의(of)' 대학이어야 한다." OECD 보고서 서문에 기재된 이 문장만큼이나 지방대학의 역할을 압축적으로 잘 나타내고 있는 문장이 또 있을까 싶다.

그런데 우리의 지방대학은 어떤 상황에 있는가. 대학 운영의 견고한 기반 위에서 대학 본연의 교육과 연구 역할을 충실히 하고 있을 뿐만 아니라 지역의 경제, 사회, 문화 영역에서 주도적 역할을 수행하고 있다고 할 수 있을까. 이 질문에 대한 대답은 매우 부정적이다. 많은 지방대학들은 지역 발전을 선도하기는커녕 대학 생명 유지에 급급하다고 얘기하는 것이 더 정확할 것이다.

지방대학의 현주소를 이해하기 위해서는 과거, 예컨대 30~40년 전의 지방대학과 비교하는 것이 필요하다. 당시 지방의 대표적인 국립대학들의 신입생 입학 성적은 서울의 유수 대학들의 성적과 비교할 때 비슷한 수준이거나 차이가 있더라도 그 크기가 미미하였다. 그리고 특별장학생 제도 등을 통해 지방 명문 사립대는 지방의 우수한 학생들을 적극 유치함으로써 지역에 많은 인재들을 확보할 수 있었다. 이들 인재들은 고향에 남아 고향 발전에 중요한 역할을 담당하거나 중앙 무대로 진출하여 국가와 기업 운영에서 핵심적인 역할을 수행하였다. 최근까지도 30대 기업의 임원들 중 지방대 출신 비중이 상당하다는 점에서 당시 지방대에 우수 인재들이 얼마나 많이 진학하였는지 알 수 있다.

2013년 현재, 의학 계열 정도를 제외하면 국립, 사립을 막론하고 지방대에서 우수 인재들을 발견하기란 거의 불가능하다. 성적이 나오면 학생들은 줄서기를 하여 앞줄부터 서울을 중심으로 한 수도권 대학에 입학하고, 그 줄이 끝나면 지방대학의 줄에 서는 것이 현실이다. 30년 후 국가와 기업 운영에서 지방대 출신은 어떤 역할을 수행하고 있을지 걱정되지 않을 수 없다.

우리 대학교육의 63%를 담당하고 있는 지방대학이 어쩌다가 이런 위기에 처하게 되었을까? 이에 대해서는 다양한 진단이 가능하다. 대학 입학 정원이 급격히 늘었지만 수도권의 대학 정원 동결 조치 등으로 지방대 입학 정원이 크게 증가하여 지방대 입학생의 학업 능력이 낮아졌다, 생활 수준이 높아지면서 예전에 수도권으로 가기 어려웠던 지방의 우수 인재들이 이제 고향을 떠나 수도권으로 갈 수 있게 되었다 등등. 이러한 진단은 지방대학 위기를 설명하는 하나의 요소는 되지만 핵심적인 설명력을 갖기는 어렵다. 더욱 근본적이고 구조적인 이유가 작동하고 있다. 바로 정치, 경제, 사회, 문화 전 영역에서 수도권 집중 현상이 구조화, 고착화되었기 때문이다.

지방대학이 이렇게 열악하게 된 점에 대해 지방대학의 운영 주체 역시 냉혹한 비판을 받아야 한다. 우수 인력들을 지방대학으로 유치하는 데 어느 정도로 노력해왔는지, 비록 고등학교 때의 성적이 다소 떨어지지만 잠재력 있는 학생들의 역량을 강화하기 위해 정말 헌신적으로 노력해왔는지, 사회 진출 과정에서 어려움을 겪고 있는 학생들과 고통을 함께하고 내 자식의 문제처럼 해결을 위해 동분서주해 왔는지…. 일부 성공 사례들이 소개되고 있지만 대부분의 지방대, 대부분의 지방대 운영 주체들은 요구되는 수준만큼 해오지 않았다고 판단한다. '수도권 대학들은 유리한 조건에서 무임승차하지 않았는가, 그들에 비해 우리는 더욱 절실히 노력해왔다'라고 말할지도 모른다. 그리고 그 주장은 맞을 수도 있다. 그럼에도 불구하고 지방대 위기가 악화되는 것을 막는 데 이들의 노력은 여전히 부족하다. 이 점은 인정하고 반성해야 한다. 인정과 반성 위에서만 개선 방안을 마련할 명분과 논거를 찾을 수 있다.

현재의 지방대 위기는 구조적인 측면이 훨씬 강하다. 전 영역에서 수도권 집중 현상이 지속되는 상황에서 구성원들의 노력만으로 이 위기를 극복하는 것은 어렵고 불가능하기까지 하다. 현재 대학 교육시장, 특히 지방대 위기와 관련한 대학 교육시장에는 시장 실패가 강하게 작용하고 있다. 수도권 대학과 지방대 간에는 공정한 경쟁 시장이 형성되어 있지 않다. 대학 외부의 효과로 인해 수도권 대학은 매우 유리한 조건에서, 지방대학은 매우 불리한 조건에서 경쟁을 하고 있다. 지리적인 면에서 시작된 불공정이 명성의 불공정으로 이어지고, 이것이 학생들의 대학 선택의 핵심 요소로 굳어지고 있는 것이다.

사람이 기본이다. 국가가 발전하기 위해서는 무엇보다 인적자본의 양과 질이 중요하다. 그리고 지식기반 사회에서는 특히 인적자본의 질이 핵심이다. 국가의 발전은 현장이 견실해야 하며 현장은 바로 지역이다. 지역 발전을 선도해야 할 인재가 고향을 떠나 어떻게 해서라도 수도권으로 가려고 하는 상황에서 지방대 발전은 물론이고 지역 발전도 어렵고, 더 나아가 국가 발전도 장애에 부딪치게 된다.

2008년 8월과 2009년 2월에 졸업한 대학생들을 중심으로 지역 인재 유출 규모를 분석한 적이 있다. 부산의 경우 고졸자 중 10.7%가 수도권 대학으로 진학하였고(1차 유출), 부산지역 대학 졸업자 중 12.2%가 수도권에서 직장을 얻었다(2차 유출). 성적을 활용해서 보면 예상대로 성적이 높은 순으로 유출되고 있었다. 그리고 1차 유출자 중에서 대학 졸업 후 고향인 부산에서 직장을 구한 졸업자는 8%에 불과하였다. 즉 대학 진학 때 고향을 떠난 사람들 대부분은 명절이 아니면 고향으로 내려올 일이 없다고 보면 된다.

수도권으로 유출된 지방 인재들은 그들이 고향을 떠난 가장 중요한 이유로 일자리를 들고 있다. 한편 적지 않은 학생들이 수도권과 지방 간의 문화적 격차를 들고 있다. 내 나름으로 요약하면 '서울에는 강남스타일이 있지만, 지방에는 그것이 없다.' 이렇게 본다면 지방대 위기의 극복은 '좋은 일자리 확충과 교육·문화 수준의 향상 → 우수 인재의 지방대학 입학 → 지방대학 우수 졸업생의 고향 정주 → 지역 발전 → 좋은 일자리 확충'이라는 선순환 고리 구축에서 시작되어야 한다.

시장 실패가 존재할 경우 정부가 개입하는 것은 당연하다. 이것은 시장론자들도 인정하는 이론이다. 이제 지방대학의 위기가 더 악화되는 것을 막고 위기에서 발전으로 전환하기 위해서는 정부의 개입(지원)이 필요하다. 그리고 개입 원칙은 인력 양성에만 초점을 맞춘다는 편협한 시각을 넘어 '인력 확보-양성-활용'을 연결하는 종합적인 접근이어야 한다. 지방의 우수 고졸자가 지방대에 입학할 수 있도록 장학금, 생활비 지원은 물론이고 괜찮은 일자리까지 제공하는 지원책이 필요하다. 그런 점에서 공무원과 공공기관 직원 채용 시 지방대 졸업생 할당제가 실시되어야 한다. 최근 공공기관 지방 이전에 맞춰 이전 예정인 공공기관들이 해당 지역 졸업생들을 많이 채용하겠다고 발표하는 것은 바람직한 모습이다. 또한 삼성, SK 등 우리나라 재벌 대기업에서 지방대생 채용할당제를 실시하고 있는 것도 바람직하다. 정부와 기업이 함께 지방대 졸업생들의 일자리 지원책을 만들어가는 것은 지방대학에 우수 인재가 입학하고 지역에 우수 인재가 정주하면서, 지역 발전에 역할을 하게 하는 데 무엇보다 중요하다. 이 과정에서 지방대 운영 주체들은 학생들의 역량 강화를 위해 무한한 책무를 져야 하고, 그 역할을 충실히 하지 않거나 할 수 없는 지방대는 대학시장에서 퇴출하는 정책도 강화되어야 할 것이다. 위치만 '지방에 있는 대학'이 아니라 '지방의 대학', '지방을 위한 대학'이 되어야 지방대학은 살 수 있다.

지방대학 살리기, 산학관 함께 나서야

최근 경기가 회복 모습을 보이면서 노동시장 상황 역시 개선되고 있다. 반가운 소식이 아닐 수 없다. 그러나 청년층 실업 문제, 특히 신규 대졸 노동시장은 여전히 어려운 상황에 있어 당사자들은 물론이고 부모들의 가슴도 타들어가고 있을 것이다. 즐거워야 할 설 명절을 고통의 시간으로 맞을 우리의 젊은이들이 얼마나 많을지를 생각하면, 그리고 그런 젊은이들이 바로 우리 가족이라는 점을 생각하면 이번 명절을 우울하게 보낼 가정이 적지 않을 것 같다.

이러한 어려움을 특히 절실히 경험하고 있는 층이 바로 지방대 졸업생들이라는 점은 주지의 사실이다. 언제부터인가 지방의 우수 인재들이 지역을 떠나 서울로, 수도권으로 급속히 이동하고 있다. 지방 소재 고등학교를 졸업한 우수 인력이 수도권 대학으로 입학하고, 이 기회를 놓친 지방대의 재학생이나 졸업생들이 수도권 대학으로 편입학하고 있다.

예전에도 이런 현상은 존재했지만 그래도 지금과는 비교가 안 될 정도로 비중이 낮았다. 적어도 1980년대 초까지만 해도 지방대학에 우수한 인재가 많이 입학하였고 그 결과 이른바 사회 주도층이라 할 수 있는 직장에 지방대 졸업생들이 양과 질에서 상당 정도로 포진하고 있다. 세계적 기업으로 성장한 삼성의 임원진 중에 지방대 출신이 얼마나 많은지를 보라. 지금의 눈으로 보면 이것을 이해하기 어려울 것이다. 앞으로 몇 십 년 뒤에는 지방대 졸업생이 대기업 임원이 되었다거나 고위직 공무원이 되었다는 소식이 지역 언론의 주요 기사로 다루어질 수도 있다고 하다면 지나친 엄살일까.

지역에 우수 인재가 정주하지 않으면 지역기업은 발전할 수 없고 지방 경제는 만성적 위기 속에 있을 수밖에 없다. 국가 간 경쟁의 현장은 지역이라는 점에서 지방대학 졸업생의 취업난, 지방대학과 지방 경제의 위기라는 악순환 고리를 끊지 못하면 지역은 물론이고 우리나라 전체 경쟁력 위기로 이어질 수 있다. 여기에서 우리는 지방대를 살려야 하는 보다 적극적인 의미를 찾을 수 있다.

지방대에 우수 인재가 입학하고 이를 통해 지방대학과 지역 경제를 살리기 위한 출발점은 지방대 졸업생들의 취업률을 높이고 취업의 질을 향상하는 것이다. 그런데 현재의 구조는 지방대학이나 그 지역 주체들만의 노력으로는 해결하기 어려운 구조다. 즉 대졸 노동시장에서 시장 기능이 제대로 작동하지 않는 구조다. 수도권 대학은 절대 유리한 지역에 소재하고 있다는 점 때문에 크게 노력하지 않아도 심지어 가만히 있어도 지방의 우수 인재들이 몰리고 있다. 반면에 지방 소재 대학들은 아무리 노력해도 그 성과를 얻기가 어려운 상황에 있다. 이것은 더 이상 논쟁할 필요도 없는 사실이다.

시장 실패가 존재할 경우 정부 개입은 불가피하다. 지금 지방대학의 위기 상황은 펌프질을 할 때 처음에 부어주는 물이 없거나 부족한 상태로 비교된다. 이런 상태에서 시장 기능 운운하는 것은 어불성설이고 그런 입장에서는 전혀 문제를 해결할 수 없다. 펌프질은 지방대학과 해당 지역 주체들이 담당하더라도 정부가 펌프질의 효과를 볼 수 있는 초기의 물을 부어주지 않으면 상황은 더욱 악화될 수밖에 없다. 대학시장과 대졸 노동시장에 정부가 개입한다고 했을 때 정부 지원은 다음 몇 가지 방안에 집중해야 할 것이다.

먼저, 지역 단위에서 산학협력 확대와 내실화를 지원하는 정책이 필요하다. 즉 지역의 산업체와 대학들이 시스템적으로 연계하여 학생들의 역량을 효과적으로 높이고 그 결과 지역의 대학도 살고 산업체도 발전하게 하는 방안이 확산되어야 한다. 우리의 경우 '대학 따로, 기업 따로'의 모습을 오랫동안 보여왔고 최근 들어 이를 개선하기 위한 노력들이 진행되고 있지만 여전히 미진한 상태에 있다. 이러한 상황을 극복하기 위해서는 학생들의 교육과 취업 역량 강화 측면에서의 산학협력 지원사업을 확충하고, 각 부처에 산재한 지방대학 관련 산학협력 지원사업을 연계, 통합할 필요가 있다. 인프라 측면에서는 현재 연구비 관리에 치중하고 있는 대학의 산학협력단을 명실상부하게 학생을 중심으로 대학과 산업체를 연결하는 조직으로 자리매김할 필요가 있다. 또한 교수평가, 대학평가 방식에서도 현장 실습과 인턴십 활성화 정도, 산학협력 실적, 산학협력 전담교수제 도입 여부 등을 반영함으로써 현재와 같은 연구 중심의 평가 방식을 바꾸어야 한다.

둘째, 지방대학을 살리고 지방대 졸업생의 취업 문제 해결을 위해 해당 지방자치단체가 적극적으로 나서야 한다. 최근 들어 해당 지역의 대학들과 학생들을 위해 지원정책을 실시하고 있는 지방자치단체들이 늘어나고 있는 것은 다행이다. 그러나 여전히 대학의 문제, 대학생의 문제는 중앙정부의 책임이라고 생각하고 지역 정책에서 제외하거나 사소한 과제로 설정되어 있는 수준이다. 지역 발전을 위해서는 지역 인재 확보가 필수적이라는 인식을 가지고 지방자치단체들이 지역의 대학을 지원하고 함께하는 전략으로 적극 나아가야 한다. 산학협력 역시 지방자치단체가 중개자로서 역할을 수행한다면 그 효과는 더욱 커질 것이다.

셋째, 지방대 졸업생들을 위한 공공기관의 채용할당제 혹은 채용목표제가 도입될 필요가 있다. 이것은 펌프질을 할 때 처음에 붓는 물로서 시장 기능의 왜곡을 가장 강력하게 바로 잡는 역할을 수행할 것이다. 현재 행정안전부의 지방 인재 채용목표제, 한국은행 등 금융권의 지방대학 채용할당제 혹은 채용목표제가 실시되고 있는 점은 희망적인 부분이다. 공공기관이 지방대 졸업생 채용 목표를 설정하고 그 현황을 공시하게 한 후 이를 공공기관 경영평가지표에 반영하는 방식을 적극적으로 검토할 것을 제안한다.

앞의 제도 도입과 함께 지방대학 스스로 시대에 맞는 발전 전략을 실행함으로써 학생과 대학이 살고, 지역이 발전하고, 국가가 선진화되는 선순환을 기대해본다.

지방 국립대학은 왜 발전해야 하는가

우리의 지방대학은 지금 위기에 빠져 있다. 그리고 이러한 위기는 2010년대 중반부터 본격화되는 입학자원의 감소로 인해 더욱 악화될 전망이다. 지방대학 입장에서는 전혀 원하지 않겠지만 입학자원의 지속적 감소 문제는 대학을 강타할 것이고 그 소용돌이의 한가운데에 지방대학이 놓일 것이다. 대학교육의 수요자에게 선택받지 않는 대학이 문을 닫는 것은 당연하다고 할 수 있겠지만, 이것이 지역사회에 미치는 영향이 상당하다는 점에서 우리의 고민은 깊어진다.

지방의 국립대학은 입학자원 감소가 심화되더라도 지방의 많은 사립대에 비해 안전할 것이다. 국립대학은 사립대에 비해 등록금이 상대적으로 저렴한 것을 포함하여 국가라는 안전판이 버텨줄 것이기 때문이다. 최근 적지 않은 지방 사립대 교수들이 인근의 국립대로 이동하고 있는 현상이 이를 단적으로 말해주고 있다. 사람 이동만큼 시장의 상황을 정확히 보여주는 것이 없다는 점에서, 교수의 이동 모습은 지방 사립대는 큰 위기에 빠질 것이고, 지방의 국립대는 상대적 안전성을 가질 것임을 잘 보여주고 있다.

'국립대학은 입학자원 감소 상황에서 안전성을 가지고 있다', '그래서 거기에서 일하는 교직원들은 괜찮은 일자리를 보장받고 있으니 다행이다', '그런 대학에 다니는 학생들은 사회 진출 후 모교가 없어질 확률은 거의 없다'는 소극적이고 안전성 위주로 생각하는 것을 넘어서야 한다. 지방의 국립대학이 담당해야 할 역할을 염두에 두고 적극적이고 발전적인 전략을 모색하고 실천하는 것이 더욱 필요한 시점이다.

OECD 고등교육연구소는 대학의 기능을 교육 기능, 연구 기능, 사회봉사 기능으로 정리한 바 있다. 즉 대학은 인재 양성 기능을 수행해야 하고, R&D 투자 등을 통해 경제 발전을 위해 필요한 연구 기능을 담당해야 한다. 또한 OECD는 지역 주민의 삶의 질 향상을 위해 문화적 기여 등을 포함하여 다양한 사회봉사 기능도 대학이 담당해야 할 기능이라고 명시적으로 규정하고 있다. 우리의 대학들도 정도의 차이는 있지만 기본적으로 앞의 세 기능을 중심에 두고 대학을 운영하고 있다고 본다.

앞에서 서술한 대학의 세 가지 기능을 지역 차원에서 가장 선도적으로 담당해야 할 대학은 국립대학이다. 지방의 사립대학 역시 이러한 기능들을 수행해야겠지만, 지방 국립대학은 국가기관이라는 특성으로 인해 보다 광범위하고 풍부한 역할을 수행해야 할 책무를 지니고 있다. 이러한 관점에서 지방 국립대학이 발전해야 할 이유 혹은 논거를 적으면 다음과 같다.

첫째, 지방 국립대학은 국가와 지역 발전을 선도할 우수 인재를 양성, 공급해야 한다. 즉, 지방의 국립대학은 평균적인 수준의 인적자원이 아니라 해당 지방에서 가장 우수한 인재를 양성하여 국가와 지역에 공급하는 역할을 담당해야 한다. 그렇다고 해서 지방의 사립대는 평균 수준의 인적자원만 양성해야 한다는 것은 아니다. 지방의 명문 사립대학들도 우수 인재를 양성하고 공급할 수 있겠지만, 기본적으로 이 역할의 주된 책임은 지방의 국립대학에 있다. 국립대학이 우수 인재를 양성해야 한다고 했을 때, 그 인재상이 지역 발전을 선도할 인재인가 아니면 국가 발전을 담당할 인재인가에 대해서는 이견이 있을 수 있다. 우리나라의 경우 정치, 경제, 사회, 문화 구조가 중앙 집중적이라는 점에서 지역 선도 인재에 초점을 맞추면 우수 입학자원의 확보 자체가 매우 어렵다. 때문에 지역 발전과 국가 발전을 선도할 인재 양성에 초점을 맞추는 것이 적절할 것이다.

둘째, 지방 국립대학은 공공재적 성격을 지니고 있다. 비용-편익 측면에서 당장 수지가 맞지 않더라도 중장기적으로 국가와 지역 발전에 있어서 필수적인 분야가 있다면 지방의 국립대학이 이 분야를 담당해야 한다. 이런 영역에서는 시장 기능이 작동하기 어렵기 때문에 사립대학은 맡을 수 없고 국가기관인 국립대학이 책임져야 한다. 물론 중심은 국립대학이 담당하고 관련 분야의 교육과 연구에서 지역의 사립대학들과 연계, 협력하는 것은 필요하다. 또한 지방의 국립대학은 사회적 형평성 확보를 위해 취약 계층 자녀들의 고등교육을 담당해야 한다. 경제적 이유 혹은 비경제적 이유로 고등교육을 받기 어려운 계층에 대해 국립대학은 교육의 기회를 제공해야 한다. 그런 점에서 등록금 수준 자체를 낮추어야 할 뿐만 아니라 취약 계층에 대한 지원책을 다양하게 마련해야 할 필요가 있다.

셋째, 해당 지역의 대학 전체를 발전시킬 책임도 국립대학이 가지고 있다. 지방의 국립대학은 우수한 교수 인력 등과 같은 휴먼웨어, 첨단 기자재 등과 같은 하드웨어 그리고 소프트웨어 자원들을 지역 대학들과 공유함으로써 지역 대학들의 교육과 연구, 사회적 기능을 확충해야 할 것이다. 국립대학의 이러한 역할은 지역대학의 발전과 지역의 발전을 선도하는 결과를 만들어내게 된다.

지방 국립대학의 발전 방안

지방 국립대학이 발전해야 하는 이유가 있지만 현재 이들 대학은 발전은커녕 이전에 비해 더욱 어려움을 겪고 있다. 이 현실을 극복할 수 있는 방안은 무엇일까? 당사자인 지방 국립대 구성원들만의 노력으로는 해결하기 어렵다는 점에서 이 난관의 극복은 쉽지 않은 과제임에 틀림없다. 이해 관계자 전체가 다시 한 번 지방 국립대의 중요성을 인식하고 함께 노력해야 한다는 기본 전제하에서 몇 가지 발전 방안을 제시해본다.

(가칭)미래인재장학생 제도 실시를 통한 최우수 인재의 입학 유인

지방 국립대학에 입학한 학생들을 잘 교육하여 우수 인재로 졸업시키는 것은 해당 대학 교수들의 가장 중요한 책무다. 지방 국립대학들이 지역과 국가 발전을 선도할 우수 인재들을 배출하기 위해서는 우수한 고졸자들을 유치하는 것이 우선적으로 필요하다. 지역의 우수 인재들이 서울 소재 대학으로 유출되는 것을 막고 지방의 국립대학에 입학하도록 하기 위해 특단의 조치들이 요구된다. 일정 성적 이상의 우수 고교 졸업생들을 대상으로 지방 국립대학 입학 시 획기적인 지원 제도를 실시해야 한다. 국가 예산 확보를 통해 가칭 '미래인재장학생 제도'를 실시하여 대상자들에게 등록금 전액은 물론이고 생활비 일부도 지원하도록 한다. 미래인재장학생에게는 해당 지역 내 좋은 일자리 취업을 위해 교수 채용, 공공기관과 대기업 채용을 약속한다. 이를 위해 미래인재장학생을 유치하려는 국립대학에 대해서는 해당 대학, 공공기관, 대기업 간 미래인재장학생 채용 약정을 위한 MOU 체결을 필수 조건으로 해야 한다. 즉 이러한 조건을 충족하는 대학에 대해서만 미래인재장학생 선발권을 부여하도록 한다. 그리고 미래인재장학생이라는 최우수 고교 졸업생을 유치하는 지방의 국립대학에 대해서는 중앙정부와 지방자치단체의 행정적, 재정적 지원을 확대한다.

지방자치단체의 지방 국립대학 지원 확대 추진

그동안 우리의 지방자치단체는 교육 분야에 대한 투자를 소홀히 해온 측면이 강하다. 최근 들어 교육에 대한 지방자치단체장의 관심이 높아지고 있지만 주로 초중등교육에 초점이 맞추어져 있고, 고등교육에 대해서는 여전히 관심이나 투자 규모가 부족한 실정이다. 그러나 이론적으로나 경험적으로 지역 발전의 핵심적 기능을 지역의 대학들, 특히 지역의 국립대학들이 담당하고 있다는 점에서, 고등교육에 대한 지방자치단체의 관심 부족은 큰 문제가 아닐 수 없다. 이러한 상황을 조속히 극복해야 한다. 지방자치단체들이 지역의 국립대학에 적극 투자하도록 유인하는 방안을 마련해야 한다. 이를 위해 지방자치단체 평가 시 '지역대학 지원 정도' 항목을 새롭게 넣도록 하고, 지방자치단체가 그 지역의 국립대학에 지원하는 금액을 기준으로 중앙정부 차원의 대응자금을 해당 국립대학에 지원하는 방안을 실시할 필요가 있다.

좋은 일자리 확충

현재의 지방 국립대학들의 위기는 '좋은 일자리 창출 → 우수 인재의 지방 국립대학 입학 → 우수 졸업생의 지방 정주 → 지역 발전 → 좋은 일자리 확충'으로 연결되는 선순환 체계 정립을 통해 극복될 수 있다. 그런 점에서 지역의 좋은 일자리 창출 방안 마련은 지방 국립대학 발전을 위한 마중물 효과를 지닌다. 좋은 일자리 창출 방안으로는 공무원과 공공기관 직원 채용 시 지방대 졸업자 채용할당제와 채용목표제 실시, 지방대 졸업생에게 채용상의 우대 제도를 실시하는 대기업에 대해 일정 요건하에 일정 기간 세무조사 면제, 세제와 금융상의 우대 조치 실시가 필요하다. 그리고 UN 산하기구의 지역 사무소, 국제기구의 연구소와 대학, 외국 사업체의 지방 유치를 촉진하기 위한 부지 제공, 조세 감면 혜택, 교통과 주거 등 하드 인프라를 제공하도록 한다. 특히 국제 관련 기구들의 지방 유치는 지방대 졸업자의 고용 창출 효과뿐만 아니라 외국 우수 인력의 지역 내 유입을 통한 학습 효과를 제공할 수 있다는 점에서 적극적으로 추진해야 한다.

이젠 인재의 물결을 지방으로

오전 6시 40분께 서울대입구역

이른 아침이라 앉아서 갈 수 있으리라는 나의 생각은 지하철 전동차가 플랫폼에 도착하는 순간 사라져버렸다. 전동차 안에는 이미 빈 좌석이 없었고, 좌석 앞 그나마 괜찮은 입석 공간도 찾기 어려웠다. 7시 30분 조찬회의에 참석하기 위해 5시 30분에 일어나 준비하고 서둘러 지하철을 탔는데, 이미 출근길에 오른 서울 시민들은 지하철 역사 안으로 쏟아져 들어오고 있었다. 잠이 부족했는지 눈을 뜨고 있는 사람들보다는 눈을 감고 있는 사람들의 수가 더 많아 보였다. 출근길에 이미 지쳐버린 모습이다.

금요일 밤 10시 30분 서울 지하철 2호선 교대역

승객들이 너무 많아 이미 두 대의 전동차를 보낼 수밖에 없었다. 어떻게 해서든 승차하려고 했지만 지하철 역사 안에는 빈틈이 없었다. 세 번째 전동차가 왔을 땐 우아하게 타겠다는 생각은 이미 사라졌고 전투를 치르는 전사처럼 사력을 다해 겨우

승차했다. 전동차가 정차하는 역마다 몇 사람이 내릴 때 문 앞의 10여 명이 단체로 내렸다가 다시 타는 행동을 서울 시민들은 자연스럽게 반복했다.

서울 지역 대학으로 몰리는 지방 인재

서울 지하철 승객들 중 과연 몇 퍼센트가 서울에서 태어났을까. 자신의 부모님이 서울 출신인 사람들은 어느 정도일까. 인구이동 통계를 활용할 필요도 없이 우리 주변을 보면 이 대답은 어렵지 않게 얻을 수 있다. 많은 지방 인재들이 대학 진학을 위해, 취업을 위해 서울로 서울로 이동했다.

1980년대 초까지만 해도 지방 국립대와 지방 명문 사립대 입학생들의 성적은 서울의 유수 대학의 입학 성적과 별 차이가 없었다. 더구나 평균점수를 맹신하는 통계적 오류에만 빠지지 않으면 당시 지방 명문대 우수 입학생들의 성적은 서울의 명문 사립대 성적보다 높았던 것을 쉽게 알 수 있다. 서울의 명문 사립대 입학자들의 성적은 몇 점 사이에 몰려 있었지만, 지방 명문대 입학자들의 경우 성적 편차가 심해 지방대 최상위층 학생들의 성적은 매우 높았다.

수도권 중심의 경제 발전 전략이 지속적으로 추진되어 수도권과 지방 간 경제력과 삶의 질 격차가 심화되고 서울 유학이 가능할 정도로 가계 사정이 좋아지면서, 지방에서 고등학교를 졸업한 인재가 서울 소재 대학에 진학하는 것은 이제 상식이 되었다. 그리고 지방대에 입학한 학생들은 졸업 후에 어떻게 해서든 서울을 포함한 수도권에서 직장을 구하려고 밤새워 스펙을 쌓고 있다.

2010년에 지방 고교 졸업생 중 수도권 대학에 진학한 비율은 13%였다. 부산지역의 경우 그 비중은 8.9%, 울산은 13.0%, 경남은 10.1%였다. 1994년과 2003년 사이 10년간 수능점수를 백분위로 비교하면, 지방 사립대 입학 성적은 1994년에 76% 수준이었는데 2003년에 오면 54% 수준으로 무려 20% 포인트 이상 떨어졌다. 이 기간 지방 거점국립대 입학 성적도 약 7% 포인트 하락했다. 1994년 역시 이전에 비해 지방대의 입학 성적이 상당히 떨어진 것을 고려하면 지난 수십 년간 지방대 진학자의 성적은 엄청나게 떨어지고 있다. 지방의 우수 인재들이 서울로 대거 이동한 결과다. 인재라는 휴먼웨어가 조직 발전을 결정짓는 핵심 요소라는 점에서 현재와 같은 상황이 지속될 경우 지방의 발전, 지방 주민들의 삶의 질 향상은 매우 어려울 수밖에 없다.

일자리, 인재 나누기로 지역 간 상생 도모

우리의 현실을 고려하면 지방 인재들이 수도권 대학으로 진학하고 수도권에서 직장을 구하려는 노력은 개인적으로 매우 합리적인 선택이다. 그러나 이러한 현상은 국가 전체 입장에서는 바람직한 모습이 아니다. 경제력과 인구의 수도권 집중으로 '서울 사람'은 비싼 주거비와 힘든 직장 생활을 하고 있고, '지방 사람'은 양극화의 저변에서 어려운 생활을 하고 있다. 많은 사람들은 고향에서 출퇴근을 하고 고향에서 정겨운 생활을 하고 싶어 한다. 지방의 우수 인재가 고향을 떠나지 않고 고향의 장래를 설계하고, 가족과 함께 사는 지역공동체의 일원이 되도록 해야 한다.

우리의 최우선 과제는 수도권의 일자리와 사람을 지방과 함께 나누는 것이다. 이를 통해 수도권과 지방이 윈-윈하고 국가 전체의 경쟁력과 국민의 삶의 질이 동시에 향상될 수 있다. 이젠 일자리와 인재의 물결을 지방으로 그리고 고향으로 돌려야 한다.

박지성 이적료 일부, 모교로 간 까닭

2012년 7월에 우리의 축구 영웅 박지성 선수가 맨체스터 유나이티드를 떠나 퀸스파크 레인저스로 자리를 옮겼다. 2005년부터 무려 일곱 시즌을 맨유에서 선수로 뛰면서 세계적인 축구 선수들과 어깨를 나란히 하였다. 우리의 축구 역사뿐만 아니라 우리나라 전 영역에서 세계적 명성을 지닌 몇 안 되는 사람 중 한 명임이 분명하다. 새로운 구단으로 가자마자 퀸스파크 레인저스의 아시아 투어를 함께하면서 말레이시아 팬들이 박지성 선수에게 보여준 환호는 가히 폭발적이었다. 한국을 넘어 적어도 아시아권에서는 축구 영웅이라고 해도 과언이 아니다.

박지성 선수가 세계적인 선수가 되는 과정을 반추해보면 우리에게 주는 시사점이 적지 않다. 우선 히딩크의 리더십이 주목받았던 것은 잘 알려져 있다. 우리 축구계의 강력한 인적 네트워크와 학교 네트워크의 족쇄에서 벗어나 능력의 관점에서 선수를 선발하고 경기에 투입하여 거둔 리더십 덕분에 히딩크는 당시 대단한 지도자로 평가받았다. 얼마나 인기가 있었는지 한때 네덜란드 고향 마을이 한국 관광객으로 거의 초토화(?)되기까지 하지 않았던가. 이 시점에 세미나 참석차 네덜란드 어느 도시로 가기 위해 암스테르담 중앙역 안내센터를 방문했던 기억이 난다. 내방객들에게 안내를 해주던 중년 남자가 내 국적을 보더니 바로 히딩크의 고향으로 가는 지도를 펼치고 가는 방법을 설명하려고 했다. 내가 다른 도시를 얘기하니 왜 다른 한국 관광객들과 달리 히딩크 고향이 아닌 다른 도시로 가는지 궁금함을 참지 못하던 표정이 지금도 생생히 기억난다.

박지성의 성공 스토리에서 이른바 '사다리 타고 단계 단계 올라가기 전략'이 매우 중요하다는 점을 확인할 수 있다. 만약 네덜란드 PSV에인트호번으로 가지 않고 무리해서 보다 상위의 팀으로 직행했더라면 지금의 박지성 선수가 있을 수 있었을까. 매우 어려웠을 것이다. 자신의 능력에 맞춰 한 단계 한 단계 학습을 하면서 실력이 축적되어야 성과가 극대화되고 안정적이게 된다는 것이 정설이다. 우리 주변에서 갑자기 신데렐라가 되었다가 소리 소문 없이 잊혀진 존재가 얼마나 많은가.

오늘 내가 박지성 선수를 뜬금없이 주인공으로 삼은 것은 바로 다음과 같은 점 때문이다. 박지성 선수가 세계적인 축구 선수가 되면서 직접적인 혜택을 받은 사람들에 관한 얘기다. 당연히 본인이 상당한 부를 얻게 되었고 덩달아 박 선수의 부모 역시 부자가 되고 인기인이 되었다. 이것까지는 그냥 당연한 얘기로 들릴 수 있다. 매우 흥미로운 사실은 박지성 선수의 이적으로 박 선수가 졸업한 학교와 이전에 몸담았던 구단도 이적료의 일부를 받는다는 사실이다. 이른바 연대기여금(solidarity contribution) 제도가 유럽 프로축구 구단에는 정착되어 있다. 해당 선수가 12세부터 23세까지 그를 육성하는 데 기여했던 팀들에게 전체 이적료의 5%를 나눠주는 제도다.

2005년 박지성 선수가 맨유에 입단하면서 당시 이적료의 5%였던 약 3억 5500만 원을 그의 모교와 전 소속팀이었던 교토 퍼플 상가(현 교토 상가)가 나눠 가졌다. 모교 입장에서는 상당한 금액이 하늘에서 떨어진 느낌이었을 것이다. 박 선수가 퀸스파크 레인저스로 옮기면서 모교는 또 한 번 횡재하게 되었을 것이다. 보기에 따라서는 이해하기 어려운 제도일 것이다. 그러나 인적자본 축적 결과로 나오는 수익을 배분할 경우 축적 과정에 기여한 정도에 따라 배분되어야 한다고 설명하는 인적자본론의 관점에서는 당연히 실시되어야 하는 제도다.

지방의 인재가 수도권으로 순유출되고 있다. 부산의 경우 부산에서 고교를 졸업하고 수도권 대학으로 순유출되는 학생수(유출자 수 - 유입자 수)는 매년 약 4천 3백 명으로 조사되었다. 그리고 부산지역 대학을 졸업하고 수도권으로 순유출되는 졸업생 수가 약 2천 9백 명이다. 유출되는 부산 인재는 매우 우수한 학생으로 밝혀졌다. 수도권으로 간 부산 학생의 8% 정도만 다시 부산으로 회귀하고 있다. 한번 서울로 가면 명절 외에는 부산에 올 일이 없다고 보면 된다. 개인으로서는 서울로 가서 '서울 사람'이 되는 것이 최상의 선택일지 모르겠지만, 부산 입장에서는 고생해서 키워서 서울에다 바치는 꼴이 되어버렸다. 이러한 인재 유출의 악순환이 계속 발생하면 지역 발전은 매우 어려울 수밖에 없다. 근본적으로는 인재 유출을 방지하는 방안을 마련해야 하겠지만 다른 한편에서는 유출된 인재 양성에 투자한 몫을 이제 떳떳하게 요구해야 한다.

경쟁이 치열한 축구의 장에서 예전의 정을 잊지 말고 갚아야 한다는, 따뜻하면서도 과학적인 연대기여금 제도의 취지가 지방의 인재들이 수도권으로 유출되는 우리에게도 적용되어야 한다. 안철수 교수를 비롯하여 지방 출신 서울 부자들의 재산 일부가 지방으로 가게 하는 시스템 마련이 필요한 시점이다.

우수 인재의 지방 정주를 위한 취업우대 정책이 시급하다

2월은 학생들에게 있어 마무리의 달이고 새로운 시작을 준비하는 달이다. 학교에서 선생 노릇을 하면서 매년 2월이 되면 함께 했던 학생들을 떠나보내고 새내기를 맞이할 준비를 하느라 제법 바쁜 시간을 보낸다. 그런데 정신이 없어야 할 요즘 마음 한 구석이 무겁고 답답함을 느낀다. 우울하다고도 할 수 있는 이 느낌은 생각해보니 몇 년 전부터 더욱 심해진 것 같다.

예전에는 대학교의 졸업식은 잔치를 벌이는 것과 다름없었다. 졸업식이 있는 날이면 사진을 찍자고 팔짱을 끼는 여학생들이 있었고 구태여 끼어들어 한 자리를 차지하는 남학생이 있어 좋았다. 이렇게 착하고 멋진 제자들이 있구나 싶어 참 행복했다. 슬프지 않았고 마음이 무겁지 않았고 답답하지 않았던 졸업식이었다. 그러나 언제부터인가 졸업식의 분위기는 활기를 잃었고 아예 졸업식에 나타나지 않는 학생들의 수가 늘어나고 있었다. 졸업식에 참석하지 않은 학생들의 대부분은 취업을 하지 못한 학생들이라고 보면 정확하다. 곧 돌아올 졸업식 모습을 그려 보니 마음이 더욱 무겁고 답답해진다.

대학교를 졸업하는 데 드는 비용은 간단히 계산해봐도 평균 1억 원이 넘는다. 1년 등록금을 600만 원으로 계산하면 4년간 등록금 총액은 2천 400만 원이다. 등록금보다 더욱 많은 비용 부분은 대학에 다니기 때문에 그 기간 동안 수입을 얻는 일을 포기해야 하는 비용인 기회비용이다. 평균 연봉을 2천만 원으로 계산하면 기회비용은 8천만 원이나 된다. 책값을 포함한 기타 비용을 제외하고 등록금과 기회비용만을 합쳐도 1억이 넘는 금액이다. 이렇게 엄청난 비용을 지불하고 대학을 졸업했는데 일자리가 없다니 얼마나 통탄할 일인가. 더구나 실업은 이러한 경제적 손실뿐만 아니라 심리적 고통까지 준다.

실업의 고통을 겪을 위험은 수도권 대학 졸업생보다 지방대학 졸업생에게 더욱 높다. 지방대 졸업생은 수도권대 졸업생보다 졸업 후 첫 직장을 얻는 데 더욱 많은 시간이 소요되고, 취직이 되더라도 임금 수준이 낮다. 더구나 공공기관이나 대기업과 같이 이른바 '괜찮은 일자리'에 취업할 확률도 크게 떨어진다. 전문가들의 과학적 통계 분석 결과가 이를 잘 보여주고 있다. 청년층 취업 상황이 전체적으로 좋지 않지만, 지방대 졸업생들이 경험하는 취업 상황은 더욱 열악하다.

최근 정부는 특성화 고등학교 졸업생들의 채용확대 정책을 연일 발표하고 있다. 공공기관 채용에서 특성화고 졸업생들의 비중을 높일 계획이며, 부산시 역시 지방공무원임용령을 개정해 특성화고 졸업생들을 특별채용한다고 발표했다. 이러한 정부 정책에 따라 금융기관을 시작으로 국내 굴지의 대기업들도 특성화고 졸업생들을 확대 채용한다고 경쟁적으로 발표하고 있다. 특성화고 학생들 중에는 어려운 가정 형편으로 사교육은 물론이고 정상적인 공교육도 받지 못한 학생들이 다수 있다. 이들에게 가난의 대물림을 끊게 하는 정책은 그 자체로는 설득력을 가질 수 있다.

그러나 특성화고 졸업생들에 대한 취업우대 정책에만 초점을 맞추면 이중의 피해를 보는 층이 발생한다. 지방대 졸업생들은 현재도 수도권대 졸업생들에 비해 어려운 취업 상황에 놓여 있는데, 그나마 그들의 몫이라고 생각하는 자리에 특성화고 졸업생들의 다수가 앉게 되면 상황은 더욱 나빠진다. 지방대 졸업생들의 취업 상황이 좋지 않으면 지방의 우수 인재가 수도권으로 더욱 유출될 것이고, 지방대와 지방의 발전은 더욱 어렵게 되는 악순환에 빠진다. 지방대 졸업생들에 대한 특단의 취업우대 정책을 실시하여 지방에 우수 인재가 정주하고 이들이 고향을 발전시키는 선순환 고리를 조속히 마련하지 않으면 안 된다.

이명박 정부 1기의 장관들과 청와대 수석들 중에 지방대 출신은 한 명도 없었다. 우리 역사상 이런 적이 있었나 싶다. 최근 민생을 얘기하고 복지국가를 지향한다는 어느 정당의 비상대책위원회 위원에도 지방대 출신은 한 명도 임명되지 못했다. 그리고 임명이 아니라 선출로 정해졌다지만, 또 다른 정당의 최고위원 명단에도 지방대 출신은 보이지 않았다. 대졸자의 다수를 차지하는 지방대 졸업생 중에 인재가 이렇게 없다는 말인가. 수

십 년 전만 해도 지방에도 명문 대학들이 있었다는 얘기는 전설로 돌리더라도, 지방대 졸업생들을 이렇게 버려진 자식들로 방치하는 것만은 막아야 한다.

2
고향에서 사는 삶

청년에게 좋은 일자리, 많은 일자리 제공을 지향하며

청년이 힘들어하고 있다. 기성세대가 상상하기조차 어려운 고통을 온몸으로 겪고 있는 층이 현재 우리의 청년층이다. 초등학교, 중학교, 고등학교를 거치는 동안 대부분의 청년들은 대학 입시 준비에 전력을 쏟았고, 대학 미진학 청년들은 높은 학력의 벽을 실감하면서 산업 현장의 어려운 조건에 힘들어했다. 이후 대학에 진학한 청년들은 원하는 직장을 얻기 위해 짧게는 2년, 길게는 4년 이상을 이른바 자신의 인적자원에 많은 투자를 하였다. 하지만 자신이 들어갈 일자리가 턱없이 부족하다는 현실을 마주하면서 심리적 고통까지 극에 달하고 있다. 이러한 고통은 노동시장 진입 직전의 청년층에서 시작해 아직 몇 년의 여유를 가진 청년층에게까지 빠르게 전달되고 있다.

누구에게나 일자리는 중요하다. 일자리를 얻지 못하면 경제적 어려움은 물론이고 소외감, 패배감 등으로 인한 심리적 고통도 크게 늘어난다. 더욱이 장기간의 실업을 경험하면 삶은 피폐하게 되지 않을 방법이 없다. 특히 이제 처음으로 노동시장에 진입하려는 청년들이 '일자리가 너무 없다' 그리고 '몇 년 후에도 일자리를 얻을 가능성이 보이지 않는다'라는 절망이 현실화될 때 그들은 이것을 어떻게 감내할 것인가? 생각만 해도 가슴이 아파온다.

최근 청년 고용과 관련하여 우리가 자주 접하는 것은 청년 고용 통계를 조사, 발표한 이래 가장 높은 실업률을 기록하고 있다는 보도다. 전체 실업률에 비해 청년실업률은 몇 배나 높다는 얘기다. 심각한 청년 고용 문제로 현재 우리의 청년들은 인생에서 소중한 많은 것을 포기했고, 포기하고 있는, 포기해야만 하는 세대라고 지칭된다. 결론적으로 희망을 가지지 못한 청년 세대라는 것이다.

한편 청년 고용의 문제는 청년 개인의 문제에만 한정되는 것이 아니다. 기업과 국민 경제에서 인적자본이 미치는 영향은 지대하다. 생산함수에서 노동은 토지, 자본과 함께 핵심적인 생산 요소다. 특히 지식기반경제 시대로 접어들면서 인적자본, 즉 사람의 경쟁력이 개인은 물론이고 기업과 국가의 경쟁력을 결정짓는 가장 중요한 요소로 격상되고 있다. 그리고 사람 부분에 있어서도 경험 있는 숙련 근로자들도 중요하지만, 이를 이어받아 미래의 중심층이 되어야 할 청년층이 얼마나 견고하게 기초를 다지고 있는가는 현재와 함께 장래의 기업과 국가 발전에 필수적인 사항이다. 이른바 젊은 피가 수혈되지 않는 조직과 국가의 장래는 전혀 희망적이지 않다. 그런 점에서 청년이 현재 경험하고 있는 일자리의 고통을 조속히 치유함으로써 개인에게 희망을 주고, 그것이 조직과 국가에게도 희망을 주는 정책 개발이 매우 중요한 시점이다.

청년 고용 정책이 필요하지만 현재만큼 그 필요성이 높은 시점이 없었다고 해도 과언이 아니다. 현재의 청년 노동시장은 구조적인 면에서 매우 어려운 상황에 놓여 있다. 우선 경제성장률은 3% 미만의 저성장 기조에 있고, 자본·기술 집약적 경제 구조로 인해 고용계수 역시 낮아지고 있으며, 베이비부머 세대가 여전히 노동시장에 있음으로써 신규 일자리 수 증가 규모에 문제가 생기고 있다. 이에 반해 최근 몇 년은 오히려 핵심 청년층 인구가 증가함으로 인해 현재 청년 노동시장은 전형적인 초과 공급 현상을 보이고 있다. 총량적인 측면에서 초과 공급을 보이고 있는 청년 노동시장의 어려움에다 고학력화의 급속한 진전, 대기업과 중소기업 간의 이중구조화 등으로 인한 미스매치의 심화까지 추가되면서 청년들의 일자리 구하기는 최악의 상황이라 할 수 있다.

이와 같이 청년 노동시장이 심각한 구조적 어려움에 놓여 있는 상황에서는 청년 개인의 노력 부족에 비판의 초점을 맞추는 것은 과녁 자체가 잘못된 것이다. 물론 이러한 어려움 속에서도 더욱 열심히 해서 좋은 일자리를 구하는 우수 사례들이 적지 않겠지만, 현재 우리에게 가장 중요한 것은 실효성 있는 청년 고용 정책을 마련하고 실행하는 것이다. 정부에서도 이 점을 인식하고 많은 청년 고용 정책을 수립하였고, 특히 작년에는 청년에 초점을 맞춘 고용 정책을 다수 발표하기도 하였다.

모든 정책에서 고용 정책이 최우선적으로 위치해야 한다. 그리고 고용 정책 중에서도 청년 고용 정책이 가장 시급하고 중요하게 다뤄져야 한다. 청년 고용 문제는 고용노동부 등 정부 부처만이 해결할 수 없고, 이해 관계자들 모두 합심해야만 해결의 실마리를 찾을 수 있다. 중앙부처와 지방자치단체가 협력해야 하고, 산업체 - 학계 - 연구기관 - 정부가 합심해야 하고, 대기업이 중소기업과 상생해야 하며, 중장년 세대와 청년 세대가 함께해야 지난한 청년 고용 문제를 해결할 수 있다.

청년 일자리에
국가의 명운 걸어야

속상하고 화가 나 잠을 잘 수가 없다. 가슴이 답답하다. 갑자기 숨이 턱 막힌다.

잠이 오지 않는 것은 서울시의 청년활동 지원사업, 이른바 청년수당 시행을 둘러싸고 벌어지고 있는 지금의 상황 때문이다. 가슴이 답답한 이유는 일자리를 구하는 청년들이 현시점은 물론이고 앞으로 몇 년간 일자리를 얻기 힘들 수도 있어 당사자와 그 가족이 얼마나 절망스러울까 싶어서다. 그러다 곧 있을 가을학기 대학 졸업식의 모습이 연상되면서 순간적으로 숨이 턱 막히기 시작한다. 잠자는 시간까지 줄여 힘들게 대학에 들어왔고 또 몇 년 동안 최선을 다했지만, 졸업을 앞두고도 여전히 일자리를 구하지 못한 청년들이 졸업식장에도 오지 않는, 아니 오지 못하는 장면을 생각해보라. 그리고 그 청년이 바로 나의 제자라고 생각하면 숨이 막히지 않을 수 있겠는가.

현재 청년들의 일자리 상황이 최악이라는 뉴스는 더 이상 새롭지 않다. 정부에서 발표하는 공식 자료에 의하면 청년실업률은 전체 실업률의 세 배나 된다. 통계적으로는 실업자가 아니지만 사실상의 실업자까지 포함하면 청년실업률은 30% 내외까지 올라가고 있으며, 대학 졸업 시점에 절반 가까운 졸업생이 일자리를 구하지 못하고 있다. 졸업 후 첫 직장을 구하는 데에 시점에 따라 약간의 차이는 있지만 평균 11개월이 소요되고 있어, 상당한 청년들이 졸업 후 오랫동안 실업 상태에 있는 것이 현실이다. 실업 기간이 길어지면 무능력자로 낙인되어 일자리를 얻기가 더욱 어려워진다는 '낙인 효과'가 발생하고, 더구나 그들이 어려운 가정 형편의 청년들이라고 한다면 그 고통의 정도는 우리의 상상을 초월한다.

청년은 희망을 가질 수 있어야 한다. '아프니까 청춘'인 것이 아니라 '희망이 있으니까 청춘'이다. 지금의 청년들에게 '아프니까 청년'이라는 말은 잔인한 문구이며 이데올로기적인 측면에서 활용되는 그 이상도 이하도 아니라고 말한다면 지나친 말일까. 청년이 희망을 놓아버리면 청년은 물론이고 우리 사회의 미래는 암울할 수밖에 없다. 일자리야말로 청년들이 희망의 싹을 만들어낼 수 있는 가장 중요한 자산이다.

단군 이래로 스펙이 가장 뛰어나면서도, 역사상 부모보다 생활이 더 어려운 세대가 될 수도 있다는 지금의 청년들에게 우리가 해줄 수 있는 것은 아낌없이 해줘야 한다. 그들이 이전 세대보다 게을러서 실업 상태에 있는 것이 아니라 사회구조적인 문제로 현재의 어려움을 겪고 있기 때문에, 문제 해결을 위해 우리 모두가 나서야 하는 것은 당연하다. 1920년대 세계 대공황 이전까지는 실업이란 개인의 게으름 때문이라고 봤기 때문에,

정부는 실업 대책은 물론이고 실업에 관한 정기적인 통계조차 만들지 않았다. 그러다 세계 대공황이 발생하고 실업자가 속출하면서, 실업은 개인의 책임이 아니라 사회구조적인 원인이 더욱 중요한 영향을 미친다는 것을 알게 되어, 그 해결은 정부의 책임이 되었다.

지금 우리의 청년들은 낮은 경제성장률과 낮은 고용계수, 베이비부머 세대들의 여전한 노동시장에서의 활동, 고학력자의 과잉 공급과 기업 규모 간 극심한 임금 격차로 인한 미스매치 등으로 심각한 고용난을 겪고 있다. 일자리 측면에서 나쁜 점을 모두 모아 놓은 시점에 있는 청년이 지금의 청년이다. 우리는 청년에게 좋은 일자리, 많은 일자리를 제공하는 것에 국가의 명운이 달려 있다는 점을 인식하고 할 수 있는 것은 모두 한다는 각오로 움직여야 한다. 당연히 정부의 역할이 핵심이다.

먼저, 공공 부문에서 청년들의 일자리를 확대할 필요가 있다. 현재 '청년고용촉진특별법'에 따라 공공기관은 매년 정원의 3% 이상을 청년으로 채용하도록 법적 의무를 담당해야 함에도 불구하고, 네 곳의 공공기관 중 한 곳은 이를 이행하지 못하고 있다. 정부는 한시적으로나마 공무원 정원을 확대함과 동시에 공공기관들이 청년을 정원의 3% 이상 채용할 수 있도록 공공기관들의 인원을 증원할 필요가 있다. 앞으로 몇 년만 잘 넘기면 우리의 청년 고용 문제도 암울한 터널을 벗어날 수 있다는 점을 고려하여, 예컨대 향후 5년간 공무원을 포함한 공공 부문에서 청년 채용자 수를 확대하도록 한다.

다음으로, 지방자치단체들이 청년 일자리 확대에 적극적으로 참여할 수 있도록 지원하고 자율성을 보장해야 한다. 지역의 사정을 제일 잘 아는 기관은 지방자치단체라는 점에서 지역에서 만든 청년 일자리 사업들을 존중하고 효과적인 사업들은 전국적인 사업으로 확산할 필요가 있다. 몇 년 전 교토시에서는 기업 부스에 청년들이 줄 서서 기다리는 기존의 채용박람회와 달리 한 명의 청년 부스에 다수의 기업들이 인터뷰 신청을 하도록 하는 새로운 채용박람회를 시행했다. 교토시는 청년들이 독자적인 부스를 만들 수 있도록 일정 기간 동안 지원하는 방식을 택했다.

최근 부산시와 부산시교육청은 취업 애로를 겪고 있는 부산지역 대학을 졸업한 미취업자들을 대상으로 '교육-고용 연계' 사업을 시행하기로 했다. 청년 미취업자들은 정규학교 교육만으로는 한계가 있는 다문화 가정의 학생 등 교육 취약 계층 학생들에게 멘토 역할을 하면서 수당을 받고, 취업 디딤돌 지원을 받을 수 있다. 모집 인원 대비 지원자가 많아 상당수의 청년들이 참여할 수 없을 정도라 한다.

지금의 청년 고용 문제가 험난하지만 다행히 한 가지 괜찮은 소식이 있다. 몇 년 후부터 20대 청년들의 숫자가 지속적으로 줄어들어 2020년에 680만 명에서 2030년에는 479만 명으로 약 200만 명이 급감한다. 적어도 청년 고용난 측면에선 좋은 소식이다. 일본의 경우 1990년대 초 버블 붕괴 이후 긴 불황으로 심각한 청년 고용 문제를 겪었다. 그러다가 청년층 인구가 급격히 감소한 점이 현재 OECD 국가 중 가장 낮은 청년 실업률을 보이게 된 주요 요인이라는 평가가 우리에게 시사하는 바가 크다. 현재 일본의 청년들은 학교 졸업 시점에 구직희망자의 취업률이 90%를 기록할 정도로 사실상 완전 취업률을 기록하고 있다.

현재 청년 고용 문제는 국가 비상 상황이며 향후 5년이 고비라는 생각으로 청년 일자리 창출에 국정의 명운을 걸어야 한다. 견디기 어려운 열대야지만 활짝 웃으며 뛰어가는 청년의 모습을 상상하면서 개운한 아침을 맞이하고 싶다.

'청년 일자리 대통령'을 기다리며

대학 졸업 시즌이다. 통계청의 매월 고용 동향 조사에 의하면, 예외 없이 연초 실업률은 연중 가장 높은 수치를 기록한다. 연초에는 신규 졸업자들이 노동시장에 쏟아져 나오는데 그만큼 일자리는 나오지 않다 보니 신규 실업자가 증가할 수밖에 없기 때문이다. 호황이라 해도 연초에는 적지 않은 신규 졸업자들이 실업자로 사회에 첫발을 내딛게 되는데, 올해는 1997년말 IMF(국제통화기금) 관리 체제 이후 최악으로 치달을 전망이다. 우울한 졸업식장의 모습이 눈에 그려진다.

2016년 청년층 실업률은 9.8%로 외환 위기의 영향으로 청년 실업률이 급격히 상승했던 1998, 1999년 이후 최고치를 기록하였다. 1997년말 IMF 관리 체제 이후 청년실업률은 7~8%대에 머물다가 2014년에 9.0%, 2015년에 9.2%를 기록하면서 청년 고용 상황은 악화일로를 걸었다. 2016년에는 이 수치마저 넘어서면서 청년들은 물론이고 전 국민의 근심이 더욱 깊어지고 있다. 우려스러운 것은 작년이 그나마 다행일 수도 있을 상황이 올해 닥쳐올 가능성이 매우 높다는 점이다.

청년층 중 일자리 수요가 가장 많은 25~29세 인구는 향후 몇 년간 지속적으로 증가할 것으로 전망된다. 2016년 333만 7천 명, 2017년 340만 9천 명, 2018년 349만 명, 2019년 355만 6천 명, 2020년 359만 2천 명으로 전망되고 있다. 또한 이번 졸업 시즌에는 전문대졸 이상 졸업자 수가 68만 7천 명으로, 역대 최대 규모의 고등교육기관 졸업자가 구직 활동에 참여할 것으로 예상된다. 사상 최다의 대졸자들이 노동시장으로 새로 들어오고 있는 것이다.

그러나 노동시장 상황을 결정짓는 핵심적인 환경인 경제 상황이 정치적 불안정성과 결합하면서 경제성장률은 2% 중반 달성도 쉽지 않을 것이라는 전망이 나오고 있다. 최근 IMF는 미국, 영국, 일본 등 선진국의 경제 전망치를 올리면서 올해 세계 경제가 회복세를 보일 것으로 발표했지만, 한국에 대해서는 2016년 10월에 발표한 경제 성장 전망치보다 하향 조정되는 국가로 언급했다. IMF뿐만 아니라 OECD 등 주요 국제기구들은 공통적으로 2017년 한국의 경제 상황을 나쁘게 전망하고 있었다.

악화되는 경제 전망에 맞물려 이미 30대 그룹은 2016년 하반기 채용 예정 인원을 전년 대비 무려 13.5% 축소한 바 있다. 작년보다 나쁜 올해 경제 상황을 고려할 때 기업들의 채용 예정 인원은 더욱 줄어들 가능성이 높다.

하지만 암흑 속에서 한 줄기 빛이 보인다. 우리의 20대 청년 인구는 2020년에 680만 명에서 2030년에는 479만 명으로 10

년 사이에 무려 200만 명이나 감소한다. 물론 향후 몇 년 후에 우리의 청년층 인구가 감소하여 적어도 청년 고용난 측면에서는 좋은 환경이 조성된다는 것을 믿고 청년 고용 문제를 낙관적으로 전망해도 좋다는 것은 아니다. 저성장 기조의 지속, 고용계수의 감소, 4차 산업혁명의 본격적 도래 등 향후에도 청년 고용 문제를 심각하게 만들 요인들이 곳곳에 산재해 있는 게 사실이다.

자녀가 지금도 일자리가 없고 앞으로도 전망이 없어서 평생 부모에게 신세를 져야 한다면 가족 모두 얼마나 답답하고 힘이 빠지고 우울할까. 생각만 해도 가슴이 막힌다. 도와줄 맛도 살 맛도 날 수가 없다. 그런데 자녀가 몇 년만 부모에게 지원을 받고 그 후에는 괜찮은 일자리를 얻을 수 있다는 확신이 든다면, 자녀도 부모도 기꺼이 함께 고통을 나누지 않을까. 정부가 청년들을 몇 년만 혼신을 다해 지원한다면 인구 구조 변화와 맞물려 청년들이 일자리를 가질 수 있다는 희망은 훨씬 커진다. 이러한 확신을 가지고 정부는 청년 고용 문제 해결에 국가의 명운을 걸어야 한다.

2017년은 새로운 대통령이 탄생하는 해다. 이번 대통령은 '일자리 대통령', 특히 '청년 일자리 대통령'이 되어 청년 고용 문제 해결을 최우선 정책 어젠다(agenda)로 설정해야 한다. 대통령을 중심으로 정부가 앞으로 임기 5년 동안 청년 고용난 해결에 국가의 명운을 건다면, 지금과 같은 최악의 청년 고용 문제는 해결될 수 있다. 본인의 게으름이 아니라 사회구조적 문제로 발생한 현재의 청년 실업 문제를 해결할 수 있는 의지와 능력을 갖춘 일자리 대통령의 등장이 더욱 기다려지는 이유다.

민생정치의 핵심은 일자리

1992년 미국 민주당의 대통령 후보 빌 클린턴의 대선 구호는 '바보야, 문제는 경제야!(It's the economy, stupid!)'였다. 클린턴이 당시 현역이던 공화당의 조지 부시 대통령을 이기고 집권에 성공한 데에는 이 구호가 미친 영향이 매우 컸다는 것에 많은 정치평론가들이 동의한 바 있다. 이 짧은 구호만큼이나 당시 미국민들의 어려움을 가장 정확히 표현한 것이 또 있을까.

이 구호가 탄생한 이후 지금까지 많은 사람들은 이런 유형의 문구를 즐겨 사용하고 있다. 지금 인터넷 검색에서 '바보야'를 입력하면 수많은 사람들이 바보들의 행진 구호에 동참하고 있음을 알 수 있다. '바보야, 문제는 양극화야', '바보야, 문제는 안보야'에다 '바보야, 문제는 슬로건이야'까지 등장하고 있다.

바보들의 행진 구호를 만들어낸 지 약 20년 가까이 지난 2011년 12월, 빌 클린턴은 그동안의 경험과 철학을 담은 책 한 권을 출판하였다. 『다시 일터로(Back to Work)』[5]라는 제목으로 출판된 이 책은 독자들에게 일자리 창출이 제일 중요하다는 점을 역설하고 있다. 일자리 창출에 정책의 초점을 맞추어야 한다는 전제하에 46개의 과제들을 실감나게 제시한 클린턴은 재임 기간에 성추문 등 개인적으로는 적지 않은 문제를 야기하기도 하였지만, 그래도 참 괜찮은 대통령이었다는 생각이 든다.

미국의 역대 대통령들을 보면서 재임 때보다 퇴임 후에 국가를 위해 더 많은 봉사를 한다고 생각한 적이 있었다. 특히 소속 정당과 관계없이 후임 대통령이 전임 대통령을 예우하고 국가를 위해 봉사할 수 있는 기회를 적극 제공하는 것을 보면서 무척 부러웠던 기억이 새삼 나기도 한다. 클린턴도 예외는 아닌 것 같다.

『다시 일터로』라는 책을 읽으면 이 책의 제목은 다름 아닌 '바보야, 가장 큰 문제는 일자리야'로 독자들에게 들릴 것이다. 6개월 이상 실직 상태에 있는 사람들을 고용하기 위한 특별 장려책을 실시해야 한다, 학위를 받고 과학, 기술, 엔지니어링, 수학 분야에서 일자리를 얻는 젊은이들이 더 많아지도록 해야 하며 이들을 위한 장려책을 확대해야 한다, '국가 일자리의 날'을 지원해야 한다, 성장 중심 지역을 여러 곳으로 확대해야 한다 등 일자리의 중요성과 함께 구체적 방안까지 제시한 것이 특히 돋보인다. 46개 과제 중 적지 않은 것들이 우리나라에도 적용될 수 있는 방안이라고 판단한다.

오바마 대통령의 지지도는 미국의 실업률과 밀접한 상관관계를 지니고 있었다. 실업률이 떨어지면 오바마의 지지도는 올라가고, 실업률이 상승하는 시기에는 오바마의 지지도는 떨어졌다. 오바마 대통령의 연임 여부는 미국의 실업률이 어떻게 되느냐에 달려 있다고 해도 과언이 아니었을 것이다.

우리의 노동시장 역시 매우 좋지 않고 이러한 상황이 개선될 희망도 별로 보이지 않는다. 예전과 달리 경제가 성장하더라도 일자리 증가는 미미하여 이른바 '고용 증가 없는 경제 성장' 현상이 나타나고 있으며, 일자리가 생기더라도 비정규직과 같이 안정성이 낮은 일자리가 다수다. 거기에다 청년층 실업률은 중년층 실업률의 몇 배에 이르고 있어 청년들의 꿈과 희망을 빼앗아가고 있다. 또한 1955년부터 1963년 사이에 출생한 베이비부머 세대들이 노동시장에서 퇴직하고 있지만, 이들은 미끄럼틀을 타고 내려오는 것이 아니라 곧장 절벽으로 떨어지는 형국이다.

부산지역에 맞춰 보면 일자리 영역에서 부산 시민들은 실로 열악한 상황을 겪고 있다. 이런저런 이유야 있겠지만, 이 문제를 누군가는 책임져야 하며 철저히 반성해야 하고 뼈를 깎는 개선 노력을 해야 한다. 일차적 책임은 부산시장과 부산 국회의원들에게 있다. 부산의 국회의원 당선자들은 당장 부산시장과 함께 머리를 맞대고 지역 일자리 창출을 위한 청사진과 구체적인 방안을 만들어 시민들에게 보여주고 실천할 것을 약속해야 한다. 부산 시민들은 부산의 국회의원들을 바보라고 부르고 싶지 않다.

공공기관 이전,
윈-윈 게임으로

2005년 6월, 정부는 176개 공공기관에 대한 시 · 도별 이전 배치안을 발표했다. 참여정부의 야심 찬 프로젝트인 국가균형발전 정책의 핵심이 드러나는 순간이었다. 부산에는 금융, 영화, 해양산업에 속한 기능군이, 울산에는 에너지, 노동, 복지 기능군이, 경남에는 주택, 산업지원 기능군이 이전된다.

배치안을 접하면서 각 지방자치단체의 입장은 상이한 것 같다. 울산이나 경남과 달리 부산은 이번 배치안에 대해 대단한 불만을 보이고 있다. 공공기관의 지방 이전 발표와 부산시의 반응에 맞춰 몇 가지 생각을 정리해본다.

우선 격세지감의 심정이 든다. 참여정부가 등장하기 직전에 대통령 자문기구에서 전문위원 노릇을 한 적이 있다. 수도권에 집중되어 있는 공공기관부터 지방으로 이전해야 한다는 필자 주장에 대한 당시의 냉소적인 분위기를 지금도 선명하게 기억한다. 몇 년 전만 해도 철벽처럼 느껴졌던 이 사안이 지금 눈앞에서 진행되고 있으니 정말 격세지감의 심정이 들지 않을 수 없다.

부산시는 지역 전략 산업인 금융, 영화, 해양산업 공공기관들이 오는 것에 대해서는 환영의 뜻을 보였다. 반면에 막판에 한전 유치를 포기하면서까지 심혈을 기울였던 토지공사가 유치되지 않아 강력 반발하고 있다.

부산시는 결국 이번 이전안을 원칙적으로 수용할 수 없다는 입장을 밝혔다. 그리고 부산시의회는 시민궐기대회 개최 등을 통해 반대 의사를 강력히 표명할 것이라고 한다. '더 좋고, 더 많은' 공공기관 유치를 위해 밤낮으로 뛰었던 분들이었기에 이러한 반응은 당연하다.

그럼에도 불구하고 부산시의 전략 실패에 따른 결과라는 비판은 가능하다. 협상론의 관점에서 보면, 한전 유치 포기를 꼭 명시적으로 밝혔어야 했는가라는 생각이 든다. 협상에는 세 가지 포인트가 있다. 목표점, 저항점, 제시점이다. 한전의 매력이 떨어져 부산시는 목표점을 토공으로 바꾸었다. 그렇다고 하더라도 공식적인 제시점은 여전히 한전에 두고 접근했다면 최종 목표점인 토지공사 혹은 다른 대형기관의 유치 가능성은 더 높아지지 않았을까.

배치 기준 원칙의 변경에 대한 부산시의 정보 부족 얘기도 나온다. 협상론에 의하면 마감시한, 정보, 힘이라는 세 가지 요소가 협상의 결과를 만들어낸다. 만약 기준 원칙의 변경에 대한 정보가 부족했다는 것이 사실이라면 이것은 불리한 결과로 귀결될 가능성을 높일 것이다. 이번 기회에 부산시의 정책과 협상 역량을 높일 수 있는 체계적인 방안 마련도 필요하다.

이제부터 부산시는 어떻게 대응해야 할 것인가. 현재의 '원칙적 수용 불가' 입장을 견지할 것인가, 변경할 것인가. 변경한다면 어떤 내용으로 할 것인가. 여기에도 전략, 특히 게임 이론의 핵심 기법이 들어가야 한다.

'원칙적 수용 불가'에 따라 반대 행동을 계속하는 것의 명분은 충분한가. 부산시가 이번 게임에 끝까지 공식적으로 참여했음에도 불구하고 그 결과에 대한 '원칙적 수용 불가'의 명분은 충분한가. 그리고 강력하게 반대 행동을 했을 때 정부가 수정할 가능성이 있는가. 반대 행동이 설사 이번 내용은 변경하지 못하더라도 다른 지원을 이끌어내는 데 필요하다고 생각한다면, 긍정적이고 효과적인 다른 대응 방식은 없는 것일까.

공공기관의 지방 이전은 윈-윈 게임(win-win game)이 되어야 하고, 충분히 될 수 있다는 사고 전환이 요구된다. 이전 배치안 발표 이후 지금까지의 모습은 제로섬 게임(zero-sum game) 형국으로 진행되고 있다. 부산시가 다음과 같은 취지의 발표를 통해 윈-윈 게임 선도자로 자리매김할 것을 기대해본다.

"이번 이전 안에 대해 부산 시민은 대단히 유감스럽게 생각한다. 이러한 아픔에도 불구하고 국가균형발전 정책의 대의를 위해 정부의 이전안을 수용하며, 제로섬 게임이 아니라 윈-윈 게임의 선도자 역할을 부산시가 수행하고자 한다. 윈-윈 게임의 첫걸음은 부산, 울산, 경남 간의 초광역적 협력이다. 협력을 통해 공공기관 이전의 시너지 효과를 극대화하도록 정부의 적극적인 지원을 당부한다."

국가균형발전특별법과 공공기관의 지방 이전

"공공기관 지방 이전 적극 추진"

2002년 늦가을쯤 공항으로 가는 버스 속에서 보았던 창밖의 신문 가판대 어느 일간지의 1면 톱기사 제목이다. 이 제목을 보는 순간부터 공항에 도착할 때까지 만감이 교차하였고, 공항에 내리자마자 신문 가판대로 뛰어갔던 기억이 지금도 생생하다.

당시 필자는 대통령 자문기구에서 근무하면서 곧 있을 대통령 보고회에서 활용할 '지역균형발전을 위한 인적자원개발체제 구축방안'을 마무리하던 중이었다. 보고문 초안에는 지역균형발전이 우리 사회의 형평성과 효율성을 동시에 달성하기 위해 필수적으로 요구되는 과제이며, 이를 실현하기 위해서는 인적자원개발체제가 지역에 강건하게 구축되어야 한다는 취지의 내용이 담겨 있었다. 그리고 세부 과제로 '공공기관의 지방 이전 추진'을 강력하게 제안하였다.

정부의 추진계획이 있는 어젠다는 대통령 보고에서 1차적으로 제외된다. 따라서 스쳐 가면서 본 톱기사 제목이 만약 사실이라면, 지난 1년 동안 매주 서울과 부산을 오가면서 노력한 보람(?)도 없이, 필자가 담당할 어젠다는 삭제되는 운명을 맞이할 것이다. 공항의 신문 가판대에서 그 신문을 찾아 빼어 드는 순간 안도(?)의 한숨이 나왔다. "공공기관 지방 이전 적극 추진"이라는 머리기사의 내용을 읽어 내려갔다. 그러면서 그것이 정부의 추진계획이 아니라 당시 노무현 대통령 후보의 공약이라는 것을 확인할 수 있었다. 몇 달 후 필자가 준비했던 앞의 과제는 임기를 얼마 남기고 있지 않던 김대중 대통령에게 공식 보고되었다.

1년 후, 참여정부는 지방 분권과 균형 발전을 위한 특별법(안)인 '지방분권특별법', '국가균형발전특별법', '신행정수도건설특별조치법'을 국무회의에서 의결하고 국회의 결정을 기다리고 있다. 이들 특별법안 제정을 위해 참여정부는 전력을 투입하고 있지만, 제정은 그리 쉽지 않을 것으로 전망된다.

'공공기관의 지방 이전'을 포함하여 지역경제의 내발적 발전과 활성화 방안을 담고 있는 '국가균형발전특별법'은 수도권과 지방 간의 힘겨루기가 표면화되면서 특히 어려움을 겪고 있다. 경기도 등 수도권의 지방자치단체장과 국회의원들은 수도권의 역차별로 인한 피해를 제기하면서 이 법안에 대해 강한 반대를 하고 있다. 또한 지방에서도 거점도시 전략을 기대하고 있던 광역 대도시들의 불만이 터져 나오고 있다. 그리고 특별회계의 재원이 기대보다 적고 설상가상으로 수도권 낙후지역을 특별법상 낙후지역에 포함함으로써 지방에 대한 지원이 더욱 축소된다는 점 때문에 '국가균형발전특별법'에 대한 반대 목소리가 들린다.

이처럼 수도권과 비수도권 간의 대립, 광역 대도시와 중소도시 간의 대립, 지방 여론 주도층의 공식적 반대 표명 등으로 '국가균형발전특별법'의 이번 국회 통과는 난항을 겪을 것으로 보인다. 여기에다 최근의 불법 대선자금과 재신임 정국으로 가뜩이나 나빴던 참여정부와 정치권 간의 관계가 더욱 악화되면서 이 법안의 통과는 불가능하다는 판단까지 드는 게 솔직한 심정이다.

법안 자체에 대해 반대하는 수도권 국회의원들과 법안 통과를 참여정부에게 힘을 실어준다고 생각하고 있을지도 모르는 야당 국회의원들로서는 법 제정을 피할 수 있는 좋은 명분이 제공되고 있으니 말이다. 이해 당사자 간에 대립이 치열했던 그간의 법안에 대해 "이해 대립이 첨예하여 시간을 갖고 보다 심층적으로 논의를 거친 후에 제정하는 것이 바람직하다"는 명분이 이보다 더 좋게 제공되는 경우가 있었을까?

매년 이루어지는 임금 교섭과 달리 국회에 제출된 법안이 무조건 그 해에 제정되어야 할 의무는 없다. 오히려 몇 년 걸리는 것이 일반적인데 '국가균형발전특별법'의 경우에는 최근 상황의 악화에도 불구하고 참여정부의 첫해인 올해가 가장 적기라고 판단된다. 그렇다면 지방의 내발적 발전을 지향하는 주체들은 지금 이 시점에서 법안 통과를 위한 전략적 접근을 만들어내지 않으면 안 된다.

우선, 특별법안에 대한 지방의 불만을 지금은 접고 현재의 법안에 대한 전폭적인 지지 운동을 전개해야 한다. 필자 역시 지금의 특별법안에 대해 적지 않은 불만이 있지만, 이 정도의 내용을 법제화한다는 것이 결코 쉽지 않음을 작년 1년 동안 경험한 바 있다. 협상에서는 "목표를 달성하기 위해 제안 자체는 더욱 높게 한다"는 것이 법칙이지만, 이번 법안의 경우에는 이 법칙이 국회의원들로 하여금 법 제정을 피할 수 있는 명분만을 제공할 위험성이 더욱 크다고 판단된다.

가장 중요한 것은 지역 주민들의 적극성이 이 특별법안을 법제화하는 데 결정적인 동력이라는 점을 인식하고 남은 기간 동안 이 동력을 현재화하는 데 역량을 결집해야 한다는 점이다. 현재 균형 발전을 실현하는 과제는 주로 지방자치단체와 지방 여론 주도층 중심으로 전개되고 있으며, 지역 주민들의 공감대를 거의 만들어내지 못하고 있다. 여기에는 홍보 부족이라는 이유도 있겠지만, 필자가 보기에는 균형 발전이 자신들에게 어떤 이득이 있는지 체감하지 못하는 것 같다. 얼마 전 지역 발전에 중요한 역할을 담당하기로 되어 있는 '지역혁신협의회'의 구성에 대한 부정적 기사가 지역 일간지에 나온 바 있다. 필자가 보기에도 협의회 위원 중에 혁신적인 사람은 보이지 않고 보수적인 인사이거나 토호 세력이 눈에 띌 뿐이다. '혁신적 네트워크'가 아니라 '보수적, 토호적 네트워크'에 우리의 균형 발전과 지방 발전이 맡겨진다면 지역 주민들이 누구를 위해, 무엇을 위해 이 법안 통과에 헌신하겠는가?

'보수적, 토호적 네트워크'를 넘어 '혁신적 네트워크'를 구축하고 이를 통해 '국가균형발전법'의 제정이 지역 주민들에게 얼마나 유익한지를 절감하게 해야 한다. 시간은 얼마 남지 않았다.

'좋은 일자리'
창출을 위하여

'우리의 과제는 두 가지, 누워서 자는 사회 그리고 식탁에 앉아서 식사하는 사회 만들기'

이 구호는 세계 최빈국 정부의 과제도, 산업혁명 당시 유럽 국가들의 과제도 아니다. 정말 역설적이게도 세계 경제를 주도하는 미국 노동부가 21세기 과제로 제시한 것이다.

20세기가 저물던 1999년, 미국 노동부는 21세기에 미국 국민을 위해 어떠한 과제를 수행해야 하는가를 분석한 보고서를 발표했다. 그리고 보고서는 앞의 두 과제를 해결해야 한다는 내용으로 결론을 맺었다. 그러면 정부의 적극적인 개입이 없다면 21세기에 우리는 앉아서 자야 하고, 서서 식사해야 한단 말인가. 미국 노동부가 진단한 21세기 사회는 다른 말로 표현해 지식정보 시대로 본격 진입하면서 경쟁의 격화가 전례 없는 수준으로 진행되는 사회다.

소비자 입장에서 한번 생각해보자. 우리는 인터넷을 통해 원하는 물건에 대한 정보를 얻고 가장 좋은 조건을 제시한 곳에서 구매한다. 정보의 바다 속에서 우리는 쉽게, 신속하게, 정확하게 정보를 제시하는 사이트를 이용할 수 있다. 그리고 얻은 정보를 가지고 '클릭'만 하면 집으로 물건이 도착한다. 이미 적잖은 사람들이 이 방법을 활용하고 있다. 앞으로 그 파급력은 상상을 초월할 정도다. 정말 편한 세상이다.

그러나 물건을 파는 생산자 입장에서는 이보다 더 고통스러운 상황이 없다. 가격과 품질 면에서 최고 위치에 있지 않으면 소비자에게 외면받는다. 그러니 인터넷에서의 '상품 위상'을 수시로 확인해야 한다. 만약 순서가 밀린다면 신속하게 올려놓는 노력도 해야 한다. 이런 상황에서 어떻게 누워서 자고, 앉아서 편안하게 식사할 수 있을까.

우리는 소비자이면서 동시에 생산자다. 그래서 누구도 이 고통으로부터 자유로울 수가 없다. 우리의 일자리 역시 더 이상 안정적이지 못하다. 더구나 일자리의 증가 속도 역시 예전 같지 않다. 이러한 모습은 우리에게도 이미 현실로 다가왔다. 경제의 일자리 창출 역량은 이전에 비해 약화됐다. 그 추세는 더욱 강화될 전망이다. 잠재성장률의 하락, 기업의 고용흡수력 둔화로 미국에서 제기된 '고용 없는 성장'에 대한 우려가 현실화하고 있다.

특히 청년층의 경우 공식적인 실업률이 높을 뿐만 아니라 취업 준비 중인 비경제활동인구, 유휴 비경제활동인구까지 포함할 경우 체감실업률은 더욱 높은 상태다. 그리고 경제 구조와 노동시장의 양극화와 맞물려 일자리 수준의 양극화 역시 급격히 진행되고 있다. 즉 일자리의 질적인 측면에서 상위 30%, 하위 30% 직업에서 일자리가 크게 늘어나고 있는 반면, 중위권의 경우 일자리 증가가 거의 정체 상태다. 그런 가운데 최근 우리 정부가 일자리 창출 정책을 최우선 정책 과제로 격상한 것은 적절한 조치다. 그럼에도 불구하고 최근의 모습을 보면서 우려스럽고 답답한 마음이 드는 것은 왜일까. 물론 일자리 창출이 중요하니 정부 부처가 역량을 집중하는 것은 바람직하다. 그리고 이를 조정하고 총괄하는 기구의 설치는 필수적이다.

그러나 최근의 문제는 일자리 창출 정책을 총괄하는 기구가 많아 오히려 그 추진력을 분산할 가능성이 대단히 높다. 실례로 '일자리위원회'와 '청년실업대책특별위원회'가 중복 운영되고 있다. '국가인적자원위원회'와 '사람입국일자리위원회'도 새로이 만들어졌다. 여기에 현재의 '교육혁신위원회'까지 포함한다면 일자리 창출과 관련된 총괄기구 간의 '기능 중복'은 가중될 전망이다.

대략 1년 전 일이다. 대학원 수업 시간에 실업에 관해 발표를 하던 어느 학생의 모습이 지금도 생생하다. 실업의 고통 부분에서 슬픔을 애써 참던 그 학생을 잊을 수 없다. 이 학생이 편하게 누워서 자고, 앉아서 식사하도록 하는 것이 우리들이 해결해야 할 가장 중요한 과제다.

주

1 『勞動經濟學』(배무기, 경문사, 1984)

2 『한국의 청년 고용』(류장수 · 박철우 · 이영민 외, 푸른사상사, 2016), 『한국의 청년 고용 Ⅱ』(류장수 · 박철우 · 이영민 · 주무현 외, 화산미디어, 2017)

3 『축적의 길』(서울대학교 공과대학, 지식노마드, 2015)

4 『어떻게 돌파할 것인가』(김현철, 다산북스, 2015)

5 Bill Clinton, *Back to Work: Why We Need Smart Government for a Strong Economy*, (New York: Alfred A. Knopf, 2011), 『빌 클린턴의 다시 일터로』(물푸레, 2012)라는 제목으로 국내에 번역 출간되었다.

출처

그래도 우리는 대학에 기대해본다
부산일보, 2016년 10월 27일 게재

대학기본역량진단과 '자율 발전' 과제
문화일보, 2017년 12월 13일 게재

인재 유출을 막기 위한 미국 조지아주 HOPE 장학 프로그램
류장수 · 남기곤 · 윤동열(2018), 『지역선도대학육성사업 중 · 장기 모델 개발 연구』, 한국연구재단, pp.76~81 활용

대학과 지역을 연계하는 일본의 COC+사업
류장수 · 남기곤 · 윤동열(2018), 『지역선도대학육성사업 중 · 장기 모델 개발 연구』, 한국연구재단, pp.58~61 활용

대학-지자체-공공기관 연계 강화를 통한 지역미래인재 트리플-윈(triple-win) 모델
류장수 · 남기곤 · 윤동열(2018), 『지역선도대학육성사업 중 · 장기 모델 개발 연구』, 한국연구재단, pp.165~168 활용

계층 격차 완화하는 교육 공약 나와야
부산일보, 2017년 4월 11일 게재

'선생 김봉두' 폐교의 유혹
부산일보, 2003년 9월 23일 게재

지방대, 발전해야 할 이유
부산일보, 2003년 11월 25일 게재

지방 국립대 발전은 과연 가능한가
부산일보, 2012년 7월 10일 게재

지방대학의 현주소와 발전 방안
「교육정책포럼」 통권 242호, 한국교육개발원, 2013

지방대학 살리기, 산학관 함께 나서야
교수신문, 2011년 3월 14일 게재

이젠 인재의 물결을 지방으로
부산일보, 2012년 5월 23일 게재

박지성 이적료 일부, 모교로 간 까닭
부산일보, 2012년 9월 4일 게재

우수 인재 지방 정주 위한 취업우대정책 시급
부산일보, 2012년 2월 1일 게재

청년에게 좋은 일자리, 많은 일자리 제공을 지향하며
『한국의 청년 고용』(류장수 외, 푸른사상, 2016) 서문 요약

청년 일자리에 국가의 명운 걸어야
부산일보, 2016년 8월 16일 게재

'청년 일자리 대통령'을 기다리며
부산일보, 2017년 2월 9일 게재

민생정치의 핵심은 일자리
부산일보, 2012년 4월 25일 게재

공공기관 이전, 윈-윈 게임으로
국제신문, 2005년 6월 27일 게재

국가균형발전특별법과 공공기관의 지방 이전
부산일보, 2003년 11월 4일 게재

'좋은 일자리' 창출을 위하여
국제신문, 2005년 4월 27일 게재

대학과 청년

초판 1쇄 발행 2019년 5월 8일

지은이 류장수
펴낸이 강수걸
편집장 권경옥
편집 안선영 윤은미 이은주 강나래
디자인 권문경 조우비
펴낸곳 산지니
등록 2005년 2월 7일 제333-3370000251002005000001호
주소 부산시 해운대구 수영강변대로 140 BCC 613호
전화 051-504-7070 | 팩스 051-507-7543
홈페이지 www.sanzinibook.com
전자우편 sanzini@sanzinibook.com
블로그 sanzinibook.tistory.com

ISBN 978-89-6545-598-1 03300

* 책값은 뒤표지에 있습니다.
* 이 도서의 국립중앙도서관 출판예정도서목록(CIP)은 서지정보유통지원시스템 홈페이지(http://seoji.nl.go.kr)와 국가자료공동목록시스템(http://www.nl.go.kr/kolisnet)에서 이용하실 수 있습니다.(CIP제어번호: CIP2019016480)